# 日本の庶民仏教

五来　重

講談社学術文庫

# 目次

# 日本の庶民仏教

# I　日本仏教の特性

# 日本仏教と民間信仰

## 一　仏教でない仏教

大袈裟な言い方をすれば、日本仏教は仏教ではない。日本仏教は教団としては多くの宗派にわかれて発展してきたが、その根底には宗派にかかわりのない民間信仰がよこたわっている。大部分の庶民は、仏教をこの民間信仰の面でうけとめているから、形はともかく、信仰内容においては、およそインド・中国の仏教と似ても似つかぬものとなっている。

そのような民間信仰としての日本仏教を、それが仏教的でないからとか、卑俗だからという理由で目をつむるわけにはゆかない。大多数の庶民はその仏教らしからぬ民間信仰的仏教で、日常生活に安心をえてきたのだし、そのゆえにこそ民間のお寺と僧侶を必要としたのである。

国家や貴族や武家の建てた官寺、国分寺、定額寺、祈願寺ならばいざ知らず、民間の寺院は、そのような民衆の民間信仰と民間儀礼の場として存立した。それは支配者が建てて民衆におしつけたのではなくて、民衆に必要があって、なけなしの金をだし合い、痩せ腕をふるって寺を建て、僧をやしなったのである。それは民衆にとって、生活必需品のようなものであった。これを自嘲的に「葬式仏教」とか「祈禱仏教」といってけなすのは、いささか傲岸不遜というほかはない。

従来、われわれは仏教を支配者や教団や僧侶の側からばかり見てきた。とくに明治の廃仏毀釈から立ちあがった仏教復興に、原典研究によるインド仏教、根本仏教の研究が大きな役割をはたしたので、インド仏教をオーソドックスとする日本仏教の評価が一般的になった。これはもちろん学問としては、仏教の普遍原理をもとめる立場から必要な手続きであったが、研究者の所属する日本仏教各宗の宗学との矛盾は、まだまだ未解決のままのこされている。

ところがこの矛盾は、一般庶民のうけとった仏教と比較すれば、きわめて小さいといえる。しかし日本の社会と教団の底辺をささえてきた庶民の仏教を置き去りにして、日本仏教を論じ、その歴史を叙述することが、いかに片手落ちであるかは私が論ずるまでもないことであろう。ことに仏教が思弁的な哲学（教理）であるばかりでなく、民衆の日々の生活の苦痛苦悩を救済する宗教であるかぎり、庶民側の仏教を切り捨てるわけにはゆかない。

支配者や僧侶は深遠で煩瑣な教理を思弁したり、荘厳華麗な仏教芸術を鑑賞する優雅な生活ができた。したがって日本各地に、世界にほこるべき仏教文化がのこされたのである。それは多数の経典や論疏や、大伽藍や仏像仏画、あるいは法会儀式としてのこっている。しかし私がここで不用意に「のこっている」といったように、それらは仏教の遺物・遺跡として存在するといったほうが適切ではないだろうか。

一方、民衆の側は、農民や漁民や職人や商人として、その日その日の生活に追いまわされ、哲学や思想や芸術をもてあそぶほどの、優雅な余裕はもちあわせない。それでも生活上の不安や苦痛、悩みや不幸があれば、かれらが平素からささえてきた仏教に、救済をもとめる権利はある。それを仏教は葬式仏教ではないと軽くあつかわれたり、祈禱仏教ではございませんとことわられたのでは、民衆は立つ瀬がない。

もともと葬式仏教がいやしいのは、霊魂不滅を信じないインテリ僧が形ばかりの葬儀を執行するからだし、祈禱仏教がきらわれるのは、僧侶が奇跡の実在を信じなくなったからである。しかし霊魂不滅と奇跡を信じない宗教は、およそ宗教としての資格はない。民衆側の民間信仰では霊魂不滅を信ずることから、葬式ばかりでなく、すべての念仏信仰や盆・彼岸などの仏教的年中行事をうけいれたのである。また奇跡の実在を信ずればこそ、真言密教や法華経や修験道をうけいれた。このように日本の庶民仏教は民衆側の民間信仰に対応する形で成立していったのであって、これを担ったのは下級僧侶の聖たちであった。

民間信仰的仏教は、したがって聖の仏教といってもよい。それは奈良時代以前から行基や役優婆塞の徒衆によって、民間にひろく浸透していったものである。現在でも民間信仰的仏教は、迷信とか現世利益といってつめたく遇せられているが、奈良時代、あるいはそれ以前でも国家や僧綱は、律令（僧尼令）の名において迫害をくわえた。かれら民間僧は私度僧、私度沙弥として、律令の統制に服さぬ無法者あつかいされた。かれらに対して多くの禁令が出され、その民間布教活動は「浅識軽智をもって、巧みに罪福の因果を説き、戒律を練らずして、都裏の衆庶を詐り誘く」ものと見られた。すなわちかれらは肉食妻帯のままで、卑俗な説経や民間信仰の祈禱や「死魂の妖祠」などをしながら、これこそ「聖道」と自負し、仏教の民間信仰化をはかったのである。

したがって民間信仰的仏教の歴史は、聖の歴史であるといってよい。それはすべて民間に埋没した無名の聖たちの書かれざる歴史であったが、そのなかから行基、空也のような偶像的存在が出て、たまたま文献をのこした。しかしこのような大きなはたらきが、数人、数十人の偶像によってなしとげられるはずはなく、実際には幾世代にもわたる、無名無数の聖たちの活動によったものであることはうたがいない。かれらは庶民のなかから出て、庶民とともに生活したのであるから、庶民の宗教的要求や苦痛をよく知っていたはずである。

かれらの多くは市中や村落に、民家とかわらぬ道場をたてて住み、妻子をやしない、百姓などしながら、民衆とおなじ言葉で、仏教の因果を説いた。このような生活のありようは、『日本霊異記』の著者、景戒の述懐のなかにかたられているので、聖の生活が具体的によくわかる。そしてこれが中世の念仏聖たちの生活でもあったし、つい最近までの浄土真宗の道場のあり方でもあった。親鸞が「造寺土木の企」を禁じたことはよく知られている。

道場ヲバ、スコシ人屋ニ差別アラセテ、小棟ヲアゲテツクルベキヨシマデ、御諷諫アリケリと『改邪鈔（かいじゃしょう）』にのべられている。伽藍に安住して公家・領主に保護されながら、社会の上流階級として民衆を見下していた僧侶から、民間信仰的仏教が生まれなかったのは当然であろう。

## 二　行基と民間信仰的仏教

日本仏教の各宗は、虚心に見ればなんらかの意味で民間信仰的仏教である。公式の教理体系は正依（しょうえ）の経典や傍依（ぼうえ）の経典論疏によって組み立てられ、「経に曰（いわ）く」とか「論に曰く」と、インド・中国の仏教に典拠をもとめてある。その典拠を無理に引きだすために辻褄（つじつま）のあわぬところもあって、末徒の学生をくるしめているというのが実情であろう。しかしこれは建前論であって、本音の方は民間信仰で庶民の宗教的要求にこたえている。

親鸞ハ父母（ぶも）ノ孝養（きょうよう）（死後の追善供養）ノタメトテ、念仏一返（ねむぶち）ニテモ、マウシタルコトイマダサフラハズ

という浄土真宗でも、民衆の要求にこたえて先祖供養の三部経をよみ、またこれが寺院経営の主要財源となる。

この先祖供養ということは、いわゆる仏教にはないことで、まったく日本の民間信仰なのである。また僧侶の葬送儀礼というものも、日本人の霊魂観念をもとにして成立したもので、インドや中国の仏教とは異質のものである。僧侶が葬送に関与したのは、記録的には天武天皇十五年、すなわち朱鳥元年（六八六）九月二十七日、天武天皇の殯の庭に、諸僧尼が発哭たてまつったことからはじまる。私はこの僧尼の発哭は読経だったろうとおもうが、のちには念仏にかわったのである。これはまた持統天皇元年にも、公家百寮人の慟哭と衆庶発哀とともに、梵衆発哀となった。

しかし僧尼が葬送と先祖供養に関与するもう一つのルートは、聖の民間信仰にもとめなければならないとおもう。この場合の聖は、殯の廃止によって失業した遊部が行基集団に転入したもので、行基集団の中核をなした優婆塞・優婆夷というのはこの種の聖たちだったと私はかんがえている。遊部はいうまでもなく、古代葬送を担当した宗教者であったが、それは殯のなかで奉仕し、荒れすさびやすい死者の霊魂を鎮魂する宗教的職能をもっていた（拙稿『遊部考』参照）。前奈良期に火葬がはじまり、殯葬がおこなわれなくなると、遊部は火葬その他の葬送に関与するものと、鎮魂神楽に関与するものとにわかれた。葬送担当の聖が行基集団に流入したことは、三昧聖（隠坊聖）がすべて行基の弟子、志阿弥の後裔であり、火葬の術を行基からあたえられたという伝承をもっていることでわかる。

この伝承は『三昧聖文書』や『行基絵伝』にしるされており、行基菩薩の東大寺大仏造立を助けた因縁で、建久の再興にも元禄の再造にも、率先して大仏造立に参加したことをのべている。ここにいう「志阿弥」は固有名詞のように見られているが、これは「沙弥」のことで、行基に追随して集団をつくった沙弥・優婆塞たちであったと、私は解釈する。すなわち奈良時代には半僧半俗で庶民のために活動し、民間信仰的仏教を担った私度僧は、沙弥・優婆塞・聖・禅師とよばれるのがつねであった。行基みずからも『続日本紀』の禁令のなかで「小僧」（大僧＝比丘にたいして沙弥のこと）とよばれたし、『日本霊異記』では「聖」とよばれている。そして行基の弟子たちは優婆塞・優婆夷であったが、このような聖の集団の頭目が「菩薩」とよばれたことも、ひとり行基菩薩だけにはかぎらなかったのである。

ともあれ奈良時代のはじめに行基集団が急激に膨張拡大したのは、ちょうどこの時期に殯葬が廃止されて火葬に代わったため、失業した遊部の葬送に関与する者が、行基の徒衆に流入したことを意味する。この人たちが「死魂を妖祠する」という仏教的供養をしたのは、合同慰霊祭というかたちで、災害による大量死者の怨霊を鎮魂慰霊したことにほかならない。こうしたくわだてはのちに御霊会にともなう大念仏というかたちでおこなわれ、踊り念仏から風流大念仏、そして六斎念仏や盆踊りとかわってゆく。各地にのこる太鼓踊とか羯鼓踊、空也がはじめたという鹿踊や念仏剣舞、または念仏浮立（風流）などとよばれる民俗芸能は、このような死魂や怨霊の鎮魂慰霊の歌舞からおこったものである。これが奈良時代の支配者の目には、「死魂を妖祠」するのは邪教と見えた。またこれに数千の人々があつまったのを、最近の歴史家は律令政治への不満分子の示威運動と解釈する。しかし古代の人々は生活をおびやかす災害の原因を、すべて死魂怨霊のたたりに帰する宗教意識をもっていたので、社会全体がその鎮魂慰霊祭にこぞって参加したのである。空也や一遍の踊り念仏集団も、たんに自己一人の往生のため、というのではなく、社会あるいは共同体全体の安全のためにあつまったものである。個人としてはこれに結縁して往生をねがうものもあったであろうが、民間信仰的念仏ではつねに社会全体の安全が優先した。

遊行寺の踊り念仏

ところで行基は畿内に四十九院を建てたといわれ、『続日本紀』の天平勝宝元年（七四九）二月二日の大僧正行基和尚卒伝には

留止するの処に皆道場を建つ。其の畿内には凡そ四十九処。諸道にも亦、往々にして在り。弟子相継いで皆遺法を守つて、今に至るまで住持す。

とあるが、「弟子相継いで」「遺法を守つて、今に至るまで」とある文言は気になる。これは正史である『続日本紀』の卒伝ではあっても、卒去のときすぐ記述されたものでないことはあきらかで、行基研究者がこの卒伝と唐招提寺の『大僧正舎利瓶記』だけを、金科玉条とすることには疑問があろう。というのは行基の名において後世にあれだけ大きな影響をあたえた葬送と庶民信仰が、まったくみえないからである。すなわちこれは支配者側から見られた行基であるとともに、かなり美化された虚構の伝記といわざるをえない。これに比較すれば、鎌倉時代以後に下るとはいえ、三昧聖たちのあいだに伝来された『行基絵伝』と、民衆からみた行基をかたる『日本霊異記』の方に、より大きな信憑性をおくべきものとおもう。

私のながいあいだの庶民史研究の立場からいえば、支配者や知識人よりも、底辺の民衆や三昧聖の方が正直で、かざらず嘘をつかず、正しい伝承をつたえることが多いものである。かれらが嘘をつく場合には、支配者の暴政や苛斂誅求から庶民生活を防衛するために、収穫や租税の書上げとか凶作の愁訴状などで嘘をつき、支配者をだますときにかぎられる。概して無知なものほど正直で、知識のあるものほど嘘つきである。しかし民衆側の資料から信憑性のある伝承をつかみだすには、伝承の多数一致と普遍性をたしかめる必要がある。またそれが文献化された場合でも、その文字面だけを追うのでなく、その文字の奥にかくされた庶民の心と生活を読みとる眼光がなければならない。そしてこのような庶民史の方法はできるだけ多くの庶民伝承や民俗資料の蒐集と、庶民との連帯感と共感なしには成り立ちえない。

ともあれ行基の四十九院が堂々たる寺院であったとかんがえることはできないのであって、とくに「道場」とよばれたのはそのためである。もちろんのちに行基の名声があがるにつれて寺院が建てられ、塔が築かれ、施入田があたえられた。『続日本紀』の宝亀四年（七七三）十一月二十日の勅に、大僧正行基法師修行の院、四十九処のうち、菩提院・登美院・

生馬院・石凝院・高渚院・山崎院の六院に、三町ないし二町の施入田をあたえ、精舎を再興し、供養をさせたのはその例である。しかし現在でも行基四十九院の一といわれる寺に火葬場が多いことからかんがえて、行基の道場は火葬場と、集会所、説経所と布施屋を兼ねた、粗末な建物であったとかんがえるのが妥当であろう。したがって行基卒伝に「弟子相継いで皆遺法を守つて」とある弟子は、三昧聖の祖、志阿弥たちであった可能性がつよい。この道場が寺院化するにともなって、火葬場は付属的施設になり、志阿弥は従属的地位に立たされたのである。現在でも葬式をとりおこなう寺に、行基開創縁起が多いのはその間の事情をかたるものであろう。

　またこの行基四十九院と葬送の関係を推定させるものに、墓の上につくる忌垣の四十九院がある。これは一般に弥勒菩薩の兜率内院の四十九院に関係づけられて、四十九本の板塔婆に恒説華厳院・守護国土院・覆護衆生院・般若不断院・念仏三昧院以下の四十九院の名を書き、一辺が十三本ずつの正方形の枠形の垣根をつくって埋葬地の上にのせるのが普通である。これが真言宗の葬制に制度化されているが、埋葬をとくに弥勒信仰にむすびつける理由はないので、行基の四十九院と葬制の関係から、墓所の忌垣の名称としたものと推定される。

　元来、忌垣は殯の構造の一形式がのこったものである。殯については別説を必要とする日本の葬制に独特のもので、霊魂に関する庶民信仰の多くがこれからでている。殯葬はその起源としては原始葬法の風葬で、死体を地上において、まわりに種々の呪術的な構造物をつくり、死者のたたりやすい霊が、外へすさび出ないように封鎖して鎮魂する装置である。私はこれを封鎖呪術と名づけることにしているが、のちには死体を犬や狼の害からまもるもののように解され、「犬はじき」とか「狼はじき」などとよばれるようにもなった。したがってこれは殯の中の鎮魂に奉仕するのを職能とする遊部に密接な関係があり、遊部の転化した志阿弥たちを包み込んだ行基集団から出たことはうたがいがない。

## 三　墓と鳥居

日本人の葬制は遊部が関与した古代の庶民信仰の集積であって、僧侶が寺院を中心にこれをとりおこないながら、すこしも仏教らしくないのはそのためである。よく高野山奥之院の墓原に、鳥居が立っていることについての質問をうける。これに対する通俗の答は、神仏習合で墓に鳥居が立てられたというのである。ところが葬式の棺台にはたいてい四方に鳥居がついている。これも神仏習合といえるかどうか。

山門不幸といわれる寺院の葬式には庭の中央に棺をおき、四方に四門を立てる。これに「発心門(ほっしんもん)」「修行門」「菩提門」「涅槃門(ねはんもん)」の額を打つことはいかにも仏教であるが、東北地方ではほそい篠竹(しのだけ)でこの四門をつくり、四方門の額はうたない。関東でも浦和近辺にこのような四門をたて、中央に棺を安置して「へや」とよぶところもある。いかにも殯(もがり)的である。これが簡略化された仮門(かりもん)は、いまも日本中どこにでも見られる。家屋内での内葬礼(うちそうれい)がすんで、棺を庭に舁(か)き出すと葬列が組まれる。ここでもう一度棺を据えて引導をわたし、鍬投(くわなげ)導師が一喝して木製のミニチュアの鍬を投げる外葬礼または庭葬礼が、実は殯儀礼なのであるが、たいていはそれを略して葬列は庭を三回まわる。このとき庭の出口に篠竹を折りまげた仮門を、二人の人がささげる間を、葬列はくぐって出てゆく。またこの仮門は墓の入口にもつくられているから、これをくぐって墓地に入り、棺台石または蓮台石に棺を据えて、墓葬礼あるいは野葬礼をおこなってから、埋葬または火葬される。

いうまでもなくこの仮門は「もがりもん」の略である。原始古代の死者の霊、すなわち荒魂または死霊のたたりをおそれて、殯で封鎖呪術をおこなった民間信仰が、ここまで伝承されてきていることにおどろきを禁じえない。しかもこれがのちには仏教化されて、塔の四方になぞらえて発心・修行・菩提・涅槃の四門をかかげたのである。長元八年（一〇三五）六月二十五日の大斎院選子内親王の葬送や、長元九年（一〇三六）五月十九日の後一条天皇の御葬送に鳥居が立てられたことがでており（『類聚雑例』）、これは南面だけのようである。しかし『平家物語』（巻二）の「額打論」で高倉天皇御葬送に、東大・興福・延暦・園城の四大寺がそれぞれの寺の額を打つ順序をあらそったというのは、事の成り行きから見て、当然四門の額打の論争とかんがえなければならない。

現在でもこのような四門を常設的にたてているところがある。ほかにもまだあるかとおもうが、私の知っているのは岩手県和賀郡旧沢内村太田の墓地で、墓地と隣あわせに外葬礼をおこなう空地があって、中央に相撲の土俵のような四本柱に屋根をのせた葬礼場がある。そしてその四方に四つの鳥居が立っている。近くの小屋に発心門・修行門・菩提門・涅槃門の四つの額と四本幡の幡頭（龍頭）が入れられていたから、葬式のときにはこの四門の額を打ち、四本幡を立てるのである。この村は浄土真宗の門徒が多いのに、このような四門を立て、四門くぐりの行道をおこなうというのは、葬送は宗派にかかわりのない民間信仰的仏教だからである。

このように見てくると、墓と鳥居の関係は、神仏習合の結果ではなく、葬送にかかわる民間信仰の、殯の残存といわなければならない。このほか殯の民間信仰には、喪家の戸口に青竹二本を、X字形に立てて喪家の標示とし、これをモガリとよぶところがある。青森県津軽地方の葬制に報告されている。これが一般には戸口に「忌中」と書いた忌中札を貼ることに変化したのである。そうとすれば忌中札は他人が入ってはならぬ標示ではなく、モガリとおなじく、死者のたたりやすい霊を封じ込めて外へ出さぬマジカルなシンボルだったわけである。

葬送の儀礼や慣習は、このように古代人の死霊への恐怖と、これを封鎖したり、攘却したり、鎮魂したりする民間信仰からでていることがわかる。もちろんその霊魂観念は時代とともに変化して、死者の霊はなつかしいもの、いたましいものとなったが、それでも儀礼は昔のままなのである。さきにあげた外葬礼の鍬投導師も、死霊を追いだす呪術が儀礼化してのこったのである。決して仏教から来たものではない。鍬投げは多く禅宗でおこなう葬送儀礼であるが、熊本県上益城郡地方では浄土真宗でもおこない、そのとき禅宗の一喝のかわりに

よかとこさんさはってけ

という。「お前のすきなところへ行ってしまえ」という方言の捨て科白だという。

これに似た民俗は「跡札」やザルコロガシにも見られる。青森県野辺地地方では、棺をおいた室をモガリというが、棺が出たあとのモガリを掃いて、法印が梵字を書いた跡札を室の四方に貼る。「跡堅め札」とか「跡清め札」ともいい、死霊がもどって来ないマジックである。ザルコロガシは常陸地方で、出棺のあとの室から出口の方までザルや目籠をころがして、死霊がもどって来ないように追いだす呪術である。これのもっと古い形は沖縄のムヌウヒ（もの追い）で、ムヌ（モノ）はモノノケというような死者の霊のことであるが、葬送がすんだ夜は家人一同があつまって戸を閉ざし、戸口に臼を伏せてその上に俎板と庖丁をのせる。夜中になると一同で臼を蹴とばして家をとび出し、ワーと叫びながら墓の方へむかって死霊を追い返す。このとき「クネクネ」と叫ぶのは「来るな、来るな」の意とおもわれ、塩水と炒り五穀と豆を投げるのも、死霊を追う呪術である。

ここで臼をもちいるのは、臼に死霊の穢れをしりぞける呪力をみとめているからである。とくに壱岐や常陸や信濃で、葬式の野帰りに臼をもちいる民俗が多い。したがって東京都の八王子地方で、野帰りに臼の絵を画いた紙の上に腰をかける民俗があるのを、高尾山薬王院貫主の山本秀順師がウスサマ明王の意であろうとする説を立てているが、これも死霊の穢れとたたりをまぬかれるための民間信仰だったのである。庶民の寺、善光寺の本尊の台座が臼座であるのも、庶民信仰から出ている。もちろん善光寺の秘仏本尊の台座が臼であるかどうかをあきらかにする術(すべ)はないが、善光寺の本田善光(ほんだよしみつ)宅の臼座伝説は、臼の民間信仰をもとにして成り立ったものであろう。

## 四　弘法大師と民間信仰

日本仏教の民間信仰は①葬制に関するもののほかに、②仏菩薩明王天部等に関するもの、③経典や陀羅尼(だらに)・念仏に関するもの、④高僧や遊行僧に関するもの、⑤法会・講会に関するもの、⑥年中行事に関するものなどがある。仏菩薩明王天部の民間信仰は薬師、観音、地蔵、あるいは不動、大黒などに多いが、大日如来なども民間信仰の対象になる。経典では大般若経や般若心経、法華経に多く、陀羅尼(だらに)は大日真言や光明(こうみょう)真言や滅罪(めつざい)真言、念仏は虫送り念仏や百万遍念仏や大念仏も民間信仰化している。高僧・遊行僧では弘法大師がもっとも多く、役の行者、行基菩薩、元三(がんざん)大師（慈恵(じえ)僧正）などがこれに次ぐ。聖徳太子や西行(さいぎょう)などもこのなかに入るべきものであろう。ほかに山伏や聖や鬼、天狗(てんぐ)の民間信仰もこのなかに分類される。法会・講会に関しては護摩とか流灌頂(ながれかんじょう)とか土砂加持、虫供養、経会、受戒などのほかに、地蔵講、念仏講、庚申講(こうしんこう)、万人講、大師講(だいしこう)などがある。年中行事は修正会(しゅしょうえ)・修二会(しゅにえ)から彼岸、花祭、盆、十夜などにまつわる民間信仰もすくなくない。

まずここでは高僧に関する民間信仰として、弘法大師をとりあげてみよう。真言宗教団としては、歴史上の弘法大師と民間信仰の弘法大師の、二律背反にこまっているようである。しかし、庶民に親しまれる大師は、井戸や温泉を湧かし、杖を立てて杉や松や逆さ竹を生やし、蚊や蝿や蛇を封じ、大師講の粥で知恵をさずける大師であった。このような超人間的能力をもつ大師なればこそ、あらゆる病気を治し、不幸をはらい、福をあたえると信じられた。弘法清水や弘法大師御夢想灸はいまも病気治療にもちいられ、霊場の水や土をいただく信仰はすこしもおとろえを見せない。

このような信仰上の弘法大師は、もちろん歴史上の弘法大師とは別で、日本人の神観念が弘法大師の名をかりて表出されたものである。したがって弘法大師伝説は、内容的には神話とおなじであって、これを歴史化するために弘法大師にむすびつけたものにすぎない。たとえば弘法清水伝説は、旅僧に姿をかえた巡り神をあたたかく遇した者には恩寵があたえられ、神意にさからった者にはたたりとしての懲罰がくだされるが、その源は神話にある。

弘法大師に仮託された旅僧の本質は、大師講伝説にもっともよくあらわされている。大師講として民間信仰、あるいは年中行事化しているのは十一月二十三日の霜月大師講である。真言宗では大師講の大師を弘法大師とするから、これを十一月二十一日（二十一日は弘法大師の命日）としたり、毎月の二十一日に大師講の寄り合いをさせている。しかし民間信仰の大師講は「霜月三夜」といったり、「二十三」といったりして、二十三日をくずしていない。そして実は十一月二十三日という日は、新嘗という収穫祭のおこなわれる日であり、新穀を先祖にささげ、農民みずからも先祖と相嘗をする大切な節日であった。

この新嘗の神話は『常陸風土記』にしるされているのが、もっとも原型にちかい。新嘗の夜には祖神尊(みおやのかみのみこと)が、子孫の諸神のあいだを訪ねて「新粟(わせ)の初嘗(にいなめ)」を受けるという。このとき祖神尊を拒んだ福慈(ふじ)の神は不幸になり、これをあたたかく遇した筑波(つくば)の神は恩寵をえたという話である。したがって大師講の夜に家をおとずれるという旅僧は、それぞれの家の先祖あるいは祖霊であったことがわかる。これが一人の弘法大師であっては、日本全国の家々を一夜のあいだにめぐることは不可能な理屈である。

ところが大師講にはもっともっと理屈にあわない民間信仰と伝説がついている。なんとこのときの大師は一本足で、しかもデンボ足、スリコギ足だという。したがって「ダイシデンボ」という言葉は全国一般で、たとえ大師講をおこなわなくなったところでも、この言葉はのこっている。またこの夜旅僧であるダイシは腹がへって、大根畑に入って大根をぬすんだともいい、また他の大師講伝説ではダイシをあたたかくむかえ入れた老婆が、ダイシに食べさせるものがないので、大根をぬすんだとも伝えられている。これを憐(あわ)れんだ神が盗人の足跡をかくしてやるために、大師講の夜はかならず雪が降るものだといって、これを「ダイシコウブキ」(ブキは吹雪)とも「アトカクシユキ」ともいう言葉がのこっている。

また大師講の夜はかならず風呂(ふろ)をたくものだといい、同時に小豆粥(あずきがゆ)をたくものだといわれている。風呂は祖霊をむかえる潔斎を意味し、小豆粥は祖霊にささげる「新粟(わせ)の初嘗(にいなめ)」にあたる。これをまた知恵粥といって、ダイシから知恵をさずかるものという信仰は、天台智者大師から来たともかんがえられ、ここには智者大師の伝承も混入している。また小豆粥を家のまわりに撒けば、蚊も蠅も蛇も家のなかに入らないといわれ、その年の蠅はこの日をもって姿を消すという。

このような祖霊あるいは祖神をダイシという言葉でよんだために、弘法大師や天台智者大師の講として、仏教のなかにとりいれられたにすぎない。私はもっと古くは天台宗の元三大師（慈恵僧正）が大師講本尊だったろうとおもっている。高山寺蔵の『鳥獣戯画巻』には、元三大師の降魔の姿といわれる鬼形の角大師を、本尊として祭る図もある。しかし大師講は、庶民のあいだの新嘗に来訪する、祖霊の恩寵と懲罰の民間信仰を、たくみに仏教にとりいれて、弘法大師信仰を普及拡大することに成功した。このような過程で超人間的能力をもって庶民を救済する、民間信仰の弘法大師をつくりあげたのである。これはまた親鸞聖人にまつわる「越後の七不思議」にも共通するものであり、関東二十四輩聖跡に多い、親鸞聖人の悪龍退治と幽霊済度の伝説も、聖人と念仏の超人間的霊力を民間信仰化したものということができよう。

## 五　大般若経と念仏

つぎに経典や陀羅尼、念仏に関する民間信仰をとりあげてみよう。大般若経は大乗仏教の根本思想である空観哲学をといた、六百巻にのぼる壮大な経典である。しかしこれが奈良時代に、大安寺の道慈律師によって書写読誦されたときは、落雷を避ける功徳があるからと説

秋峯十界修行の大般若経転読（山形県　羽黒山）

かれている。この功徳のために『続日本紀』天平九年四月八日の道慈の上奏で、これが諸国の恒例年中行事となり、その根本道場として大安寺大般若会がおこされた。

そののちの六国史や『類聚国史』『扶桑略記』『吾妻鏡』にあらわれる大般若経転読は、災異を消除せんがためとか、疫疾厲鬼をはらわんがため、あるいは物怪怨霊をのぞかんがためであった。そのほか雨乞いや宮殿居宅の安鎮のため、あるいは五穀豊熟のためとなっているが、主として災をのぞく呪力があるというのが、この経典の民間信仰であった。この民間信仰が国家をうごかして、災異があるたびに官寺や七大寺、十五大寺で、大般若経転読がおこなわれたのである。また宮中では春夏秋冬の四季に恒例として転読をおこない「季の御読経」といった。

このような大般若経にたいする民間信仰は、「空」という概念の誤解からうまれたものであろうと、私はおもっている。というのは仏教の「空」は有と無を絶した絶対概念であるのに、無知な聖たちや庶民は、これをわざわいを「空ずる力」として理解したのである。だからこの経典の内容を理解するよりは、もっぱら転読の儀礼に呪術をむすびつけようとした。

まずこの大般若経転読には、できるだけ大声をあげたり、床や壁をたたいたりする。これは謡曲「葵上」で

あら〳〵おそろしの般若声や、これまでぞ、怨霊こののち、またも来るまじ

とうたわれる「般若声」とよばれるもので、これが六条御息所の怨霊である後シテの鬼面にも転嫁されて、「般若面」とよばれるようになった。したがっていまも大般若経転読の作法では、各巻の経題と初・中・後の七行・五行・三行を大声で読み、折本を両手にささげもって右手から左手へ流し、左手から右手へ流して、最後に閉じた経本で経机を数回たたく。

また山村には「猪追い大般若」あるいは「猪追いのオコナイ」とよばれる年頭祈願の修正会に、大般若経転読がある。このとき村人は乱声といって、堂の床板や板壁を牛玉杖で力まかせにたたく。また「ダダ押し」「堂押し」といって、堂の床を跳ねたり踏んだりして騒音をたてる。いずれも災害をおこすおそれのある悪霊を、村から攘却するための呪術にほかならない。このときの乱声をワラワラというところもあって、雷の擬音とし、年頭の雷声は豊作をまねくというが、これとても悪魔はらいの乱声にすぎない。

禅宗や真言宗の寺院は、いまでも大般若の村巡りをする。奈良平安時代書写の大般若経巻がよく散佚欠巻があるのは、この村巡りのためであり、また大般若経を病人に貸し出すことがあったためである。村巡り大般若は百巻ずつ入った大般若経櫃を青年たちが担いで村を巡

り、辻に祭壇をつくって転読したり、一戸一戸の門口で「理趣分」一巻を転読する。このとき村人や家人は経櫃の下をくぐると、頭痛や夏病みしないという。また転読するときの「般若の風」にあたれば病気をしないなどという。まことに素朴な民間信仰である。

貸し出し大般若は、病人があればその一巻または一冊を借りてきて、神棚にかざったり病気の部位にのせたりする。肺結核ならば、胸にのせる。またこの経でなでたり叩いたりして、病魔を退散させることができると信じられたのである。いまもこのようにして大般若による祈願と施術をして、多くの信者をあつめている寺もある。しかし奈良平安の貴重な大般若経もこのような民間信仰のために、永年のあいだに欠本を生じたものであるが、たとえ欠本しても、民苦をのぞく使命をはたしさえすれば、それで十分だったのではなかろうか。

念仏の民間信仰についてはいろいろのケースがある。専修念仏がオーソドックスの地位をしめた現在では、民間信仰的念仏は肩身のせまい想いをしながらつづけられているが、大部分の民間念仏は民間信仰として庶民にうけいれられたのである。常陸から下総、下野にかけて、私は天道念仏を調査したことがあるが、村の念仏堂にあつまる男女のなかには、浄土真宗の門徒で、お寺にかくれて来ていると語る人もすくなくなかった。

天道念仏のおこなわれるのは、ちょうど親鸞聖人の関東化導された常陸・下総・下野にわたっており、すこしはなれて石城地方にある。おもに彼岸におこなわれるところからこの名がついたとおもわれるが、天棚という祭壇をかまえて日天・月天をまつり、豊作を祈願して踊り念仏をする。長塚節が『土』にえがいた明治大正年代とはすこしかわって来ているけれども、村の祈願としては細々とつづけられ、十二年毎の葛飾坂東巡拝には東京下町からも大勢の人がおまいりする。京都にも一般に知られない「六阿弥陀めぐり」という、木食養阿上人によってはじめられた毎月の民俗行事があって、ポックリ寺のように「タレコしないでポックリ死ねる」ねがいの老人のおびただしい巡拝がある。天道念仏や葛飾坂東巡拝も人に知られないけれども、知る人々のあいだでは、おどろくほどの熱心な信仰をもたれている民間信仰的仏教の一つの型である。

天道念仏は西国三十三箇所巡拝や四国八十八箇所遍路のように、宗派にかかわらずに各宗のお寺でおこなわれ、また村の念仏堂や行屋という建物でおこなわれる。踊り念仏をともなう念仏行事であるにもかかわらず、弘法大師がはじめたと信じられているのも民間信仰的といえるだろう。行屋というのは羽黒山・月山・湯殿山の出羽三山巡りのための修験的精進をした建物で、とくに念仏に関係ありそうにもおもわれない。しかし三山巡りの掛け声も山念仏という「ナムマイダンボ」のくりかえしだから、修験と念仏は無関係ではないのである。

虫供養塔婆（愛知県阿久比町）

天棚の有り様は、『江戸名所図会』

に図が出ているが、殯のように忌垣をまわした四隅に青竹四本をたて、注連縄(しめなわ)をまわして四門の額を四方にかかげる。長塚節の『土』ではこれに屋根までかけたようであるが、中心に青竹のボンデンが立ててあったという。東海地方の知多半島でおこなわれる秋彼岸の「虫供養念仏」の、お台場と祭壇もこの変形である。そしてこの構造は羽黒山修験の柴燈(さいとう)護摩壇にもよく似ていて、修験ではこれを自分を火葬する自身火葬の護摩というのも、私のいう「擬(ぎ)死(し)再生」（一度死んだことにして、生まれ代わって罪穢(つみけがれ)を滅し、余生安穏と後生安楽をねがう）の民間信仰を暗示する。

　東海地方の「虫供養念仏」は、いまでは耕作のときに殺す虫の供養ととかれているが、もとは「虫おくり念仏」であった。虫に象徴された耕作に災害をもたらす悪霊を、鎮魂したり村の外へ送り出してしまう民間信仰が、念仏にむすんだのである。このような念仏は鎮魂呪術の呪文として民間にうけいれられたものといえる。そのほか関東地方には夏の疫病をさけるための「水浴(みずあ)び念仏」や「四方固め念仏」などもあり、また近畿地方を中心に「四十八夜念仏」ものこっている。これも村の安全と豊作をねがうために、青年たち（いまは老人たち）が念仏堂にあつまって、八十八夜から四十八日のあいだ毎晩双盤鉦(そうばんかね)を打って念仏を詠唱するもので、「猪追い念仏」の称もある。このように民間信仰的な念仏は、一人の安全幸福というのではなくて共同体全体の生活をまもり、また同信者全部でそろってお浄土まいりをしようという、連帯感のつよい信仰なのである。そしてこれが庶民信仰の本質だということをわれわれは知る必要があろう。

# 僧侶の肉食妻帯

## 一

つい先日、調査のことがあって、熊野川の上流にあたる北山郷（和歌山県）の山村に入った。訪ねたお寺はダムで水没した村と一緒に、山腹に造成された宅地の高いところに引き移されたために、大峯山系をのぞむすばらしい眺望をほしいままにすることができた。山寺にはめずらしく広い庭をもち、桜がちょうど満開だったが、その下で若い住職夫人が、二、三歳ぐらいの二人のお子さんを遊ばせていた。曹洞宗のお寺の平和な春の風景であった。

来意を告げて本堂でしばらく待つと、ズボンにセーターの三十歳ぐらいの住職が、無造作に出て来た。それは座敷の入口に「隠寮」と書いたり、「助化単」と書いた札とはおよそ不似合な現代的風躰におもわれた。しかしこれが現代の寺院の平均的な情景ではなかろうか。私にとっては、むしろ行いすましたような、鹿爪らしい法衣の禅僧より、この方が好もしいし、ほほえましい。いまや禅僧も大っぴらに肉食妻帯できる時代であり、「大黒さん」を台所に隠しておく必要はなくなった。

僧堂のきびしい修行も伝説化しようとする時代である。私が師範学校の教師をしていたとき、相国寺僧堂で生徒の坐禅の鍛成を依頼したことがあった。一週間のお骨折りを願った雲水さんに、お礼に一休庵の精進料理へ御案内しましょうといったら、いやスキヤキの方がいいです、といわれてびっくりした。しかし何となく、すがすがしい思いをしたことをおぼえている。

日本仏教は肉食妻帯しないということも、肉食妻帯することも、ともに正しいのである。ただ肉食妻帯しながら、肉も女も見たことがないような顔をしたり、肉食妻帯を当然のことのように、ひけらかすのは正しくない。

無住法師の『沙石集』（巻四）には「上人の妻に後るる事」の一章に、八幡山のあたりに住む「なにがしの上人」が妻に先立たれたとき、これでやっと「妻もつひじり」から「妻もたずひじり」になれた、といった話をのせ、

> 後白河の法皇は、隠すは上人、せぬは仏と仰せられけるとかや。この聖はかくすまでもなかりけり。今の世には、かくす上人猶すくなく、せぬ仏弥希なりけり。

という、有名な言葉を吐いている。「せぬ仏」というのは、おそらく生き仏といわれるような高僧を指すのであろうが、それが形式だけの持戒堅固なら、つまらないことだという意味もふくんでいる。

しかし中世には肉食妻帯ということが、現代のように無反省であったわけではない。それはあくまでも地獄行を覚悟しなければならなかったところに、仏教が生きていたといえる。したがって肉食妻帯には、別の論理が必要だったのである。『沙石集』は、

生死の業因、輪廻の苦果、ただこのこと（妻帯）なり。首楞厳経には、淫心を断たざれば、生死いづべからず。淫心断たずして生死を解脱せんと思ふは、沙を蒸して飯とせんがごとしといへり。（中略）南山大師（道宣）の云はく、四百四種の病は宿食を根本とし、三途八難の苦しみは女人を根本とす。

といっている。インドの出家仏教の立場をとれば、妻帯は破戒の第一であり、その応報は堕地獄である。親鸞が「いづれの行もおよびがたき身なれば、とても地獄は一定すみかぞかし」といったのも、

悲しき哉、愚禿鸞、愛欲の広海に沈没し、名利の大山に迷惑して、定聚の数に入ることをよろこばず。

といったのも、肉食妻帯への猛省であって、無条件の肉食妻帯ではなかった。

したがって、肉食妻帯は破戒であり、罪業であるという大命題が立っていなければ、日本

仏教のような在家仏教主義は成立しない。問題はこの破戒と罪業から、いかにして救われるかということである。「罪業深重の身でござりまする」といって、いけしゃあしゃあと肉食妻帯しているのでは、現世では破戒僧であり、来世では無間地獄である。

この罪業からのがれる道として、日本仏教には念仏による滅罪と、苦行による滅罪があったものと私はかんがえている。『歎異抄』に

一念まうせば八十億劫のつみを滅し、十念まうせば十八十億劫の重罪を滅して往生すといへり。

とあるのが、念仏の滅罪であるが、親鸞はこの滅罪をせずとも、摂取不捨の弥陀の本願に乗ずることによって救われるという他力の道をひらいた。これは人間の煩悩の強盛に対して居直ったもので、「滅罪無用」を可能ならしめる論理が、他力本願であった。しかしこの他力本願が肉食妻帯への罪業感に裏打ちされなかったら、やはり地獄一定はまぬがれられないし、往生など象が針の耳（穴）を通るよりも困難であろう。

## 二

日本仏教で肉食妻帯による堕地獄の苦をまぬがれるもう一つの方法は、苦行であった。こ

れは罪にたいしては「贖う」ことによってまぬがれられるという、きわめてわかりやすい論理に立っている。相手の目を潰せば、自分の目を潰すことによって贖い、相手の歯を折れば、自分の歯を折って贖うという、等価値贖罪の論理である。したがって死後にうくべき責苦を、今生の苦行によってあらかじめ贖っておく、ということから、死出の山路を越える苦しみは、熊野詣での山坂をこえたり、大峯・立山・白山・月山などの高山に登る苦しみで贖うことになる。あるいはその前行として、精進屋とか行屋で水垢離をとり、五体投地の礼拝行や額突きをする。それでもなお贖い得ない重罪があれば、火定（焼身自殺）や入水、あるいは捨身によって、生命をもって贖う。キリストの十字架のように、贖罪と滅罪のためにすさまじい火定や捨身をした聖・山伏・持経者は、決してすくなくなかった。『歎異抄』に

応照上人火定の炉跡（熊野那智妙法山頂）

> 即身成仏は真言秘教の本意、三密行業の証果なり。六根清浄はまた法花一乗の所説、四安楽の行の感徳なり

とあるが、三密行業は身・口・意

の行を密教の印と真言と観想でおこなうものである。したがって、坐ったまま大日如来と同躰になるというのは、観念だけの即身成仏にすぎない。これを肉体と精神を苦しめる加行・苦行の滅罪を先行させてこそ、現実の即身成仏が現成する。この即身成仏が実現した段階では、肉食妻帯は破戒でも罪業でもなくなるばかりでなく、唯仏与仏の仏作業になる、という主張から山伏は俗形を本体とし、役行者は在家形であった。

日本の密教が山岳仏教を根底にとりいれたのは、苦行滅罪の場として山岳がもっともふさわしかったからである。また日本の法花経信仰も、法花持経者という山林修行者の苦行実践によって、「六根清浄」の滅罪をおこなうことであった。法華八講の「五の巻」の日に、薪の行道がおこなわれ

法華経を我が得し事は、薪こり菜つみ水くみ、仕へてぞ得し。

の伽陀をとなえるのも、法花経の苦行滅罪をあらわしたものである。そしてこのような山岳修行者は、原則として肉食妻帯蓄髪俗形の山伏であった。

以上のように肉食妻帯が日本仏教において正当化されるのは、加行・苦行と念仏や密教や法花経による滅罪を前提条件としている。この条件を充足しない僧侶の肉食妻帯は、つねに「うしろめたさ」をともなうのである。浄土真宗をのぞく諸宗派が、いまだに宗規で住職の世襲をみとめないのは、実子であっても弟子として遇するためである。現在実子にしても養

子にしても、世襲でない寺院は大本山級の座主・貫主・管長をのぞいてほとんどないといってよい。しかもその座主・貫主・管長すら肉食妻帯僧が大部分になった現状である。

　またお寺に生まれた子供が、お寺を継ぎたがらないという実情も、立て前として僧侶は肉食妻帯すべきでないのに、実際には妻帯していることへの「うしろめたさ」がはたらいている。そして結局は宗立仏教大学に入って寺を継ぎ、やがて結婚するのだが、やはり肉食妻帯の論理は解決しないままである。これではいつまでたっても僧侶は二律背反にせめさいなまれて、人を済度するどころのさわぎではない。いくら居直ってもつぎからつぎへと疑惑が湧いてくる。これが今日の日本仏教の無気力の根本原因であるとおもう。

『沙石集』（巻四）はこの問題について

> 上人の子は、いかにも智者にてひじりなり。と申せば、或人難じて云はく、父に似て聖るべからず、と云ふ。答へて云はく、さらば一生不犯の聖のゆゑ、父に似て聖らんずらん、と答へて比興すと云々

という寓話をあげる。ある上人に子供があったが、その子供は智者で「ひじり」であるというほまれがあった。そこである人が父の上人のように「ひじる」（妻帯して子供をもうける）ことがあってはならない、というと、今は一生不犯の「ひじり」だけれども、いまに父に似て「ひじる」だろうよ、といって笑ったというのである。立て前は一生不犯の聖だが、

実際には妻帯の聖であることが、当然とされているというのである。これは「ひじり」という言葉の二義性をうまく使った駄洒落である。しかし一生不犯の聖も肉食妻帯の聖も、ともに存在理由があるというのである。無住法師は「ひじり」の語は、日本の原始宗教者を「聖火を管理する者」の意で、「火治り」とよんだことは知らなかったらしいが、父祖代々妻帯世襲する「ひじり」が「上人」になることをみとめていたのである。

この点からいえば、現代の僧侶はすべて「ひじり」なのである。その端緒を開いたのは、明治五年（一八七二）四月二十五日の太政官布告に

肉食妻帯蓄髪勝手たるべき事。

とあったことによるように見える。この布告がどのような思想と政治的意図のもとに出されたものであるかは、あまり研究されていないようであるが、これは日本仏教史の上でかなりの大事件だったのではないかとおもう。

明治初年の仏教復興に戒律主義をとった釈雲照などは、明治政府の肉食妻帯公認は、仏教を滅亡させようとする廃仏毀釈の陰謀とさえ見たほどである。しかし一方からすれば僧侶の人間性をみとめた、一種のヒューマニズム思想の現われと見ることもできよう。それにもかかわらず、仏教教団は宗規的にはあとあとまで妻帯を公認しようとしなかった。この問題くらい立て前と本音が正反対の現象もすくない。

私は明治政府の肉食妻帯令は、他のもろもろの解放令とおなじく、封建制度の枠内で陰鬱に押さえられていた僧侶の実際上の妻帯を解放したまでで、これで仏教を自滅させようというほどの深謀遠慮の政策とはおもわない。事実、封建領主や貴族の保護をうけ、朱印地をうけた諸大寺のほかの民間寺院は、「大黒さん」が居るのは常識であった。江戸時代に流行した「広大寺くどき」などは広大寺和尚と粉屋の娘のロマンスを「くどき」（叙事歌謡）にしたもので、そのくずれは「古大尽」とか「古代神」、あるいは、「高大寺ぶし」などで民謡化している。またある門跡寺の宮門跡様は、門前の茶店に隠し妻をかこっていたという話もめずらしくなかった。これは平安時代から高級僧侶の妻帯が通い妻の形でおこなわれた、多くの説話とまったくおなじなのである。これに対して下級僧侶や私度僧は、なお一層妻帯が普通であったことは、『日本霊異記』や『今昔物語』を見ればあきらかである。しかもかれらはその妻帯仏教を「聖道」としていたのであるし、修験集団では清僧はごくわずかで、妻帯修験が大部分を占めていた。すなわち日本仏教は本来、菩薩道の在家仏教だったのである。明治政府の肉食妻帯令は、この大部分の僧侶の「隠し妻婚」形式を公然たる妻帯婚にしようとしたものといえよう。

## 三

以上のような明治政府の肉食妻帯令も、江戸幕府の肉食妻帯禁止令も、どちらも日本仏教への誤解から出発している、というのが私の主張である。しかもその誤解は現在の僧侶も教団も解けていないのだから、肉食妻帯の論理が解決されないのは当然である。

この誤解の根本は、日本では僧侶に大きく分けて二つの階級があることをみとめなかったことにある。古代律令国家もこれをみとめようとしなかったから、僧尼令や諸法令で私度僧を迫害したのである。すなわち日本では仏教伝来以来とおもわれるほど古くから、肉食妻帯、半僧半俗の私度僧が庶民の仏教を管理して来た。欽明天皇十三年、百済聖明王の奉献した仏像を難波の堀江から引き上げて、信濃へはこんだという善光寺如来の縁起に象徴的にかたられる本田善光は、妻も子もある聖であった。善光寺内陣の御三卿像は、善光とその妻弥生御前と子の善佐である。

このような肉食妻帯の私度僧は、奈良時代から、「沙弥」「優婆塞」「聖」「禅師」とよばれて、僧綱から取り締まられた。かれらが僧綱のいうように、たんなる破戒僧でなく、むしろ日本仏教の正統を保持したものであり、日本固有の庶民信仰を仏教に生かした宗教者であることを、私が『高野聖』で主張するまで、この聖の地位と功績は評価されなかった。それは古代律令国家も、江戸幕府も明治政府も、それ以後の仏教教団もおなじことであった。

日本では国家や貴族や武家などの支配者に奉仕する僧侶は、その豊かな生活と社会的地位を保証される代わりに、大伽藍の僧房の中にとじこめられ、儀式法要と学問に専念し、戒律にしばられて肉食妻帯をゆるされなかった。これに対して支配者の保護もなく、寺もなく、学問もなく、町の中に道場をいとなみ、家々を戸別訪問しては因縁話を説経して作善に参加させ、病人があれば祈禱する底辺の聖たちは、明治政府を俟(ま)たずとも、肉食妻帯勝手だったのである。

　このように、日本仏教に二つの流れがあったことがわかれば、肉食妻帯せぬ仏教も正しいし、肉食妻帯する仏教も正しいという、私の提言は是認されるとおもう。同時にこの二つの仏教のあいだには混同があってはならないのであって、大寺院の中に豊かで優雅な生活をたのしみ、学問に専念できる余裕のある僧侶が肉食妻帯すれば、来世には「地獄は一定(いちじょう)すみか」であり、現世では破戒僧に堕ちてしまう。

　これに対して『日本霊異記』の著者で薬師寺僧を名告(なの)る景戒(きょうかい)のように

　煩悩に纏(まとわ)れて、生死を継ぎ、八方に馳(は)せて、炬生(きよせい)の身をもつて俗家に居り、妻子を蓄へて、養物無く、菜食無く、塩無く、衣無く、薪無く、万の物ごとに無くして、思ひ愁ひて我が心安からず。昼また飢寒、夜また飢寒、我れ先世に布施行を修せず、鄙(いや)しきかな（我が）心、微(いや)しきかな我が行、

と述懐して、寺をもたずに妻子を持ち、貧困のうちに説経乞食(こつじき)する聖は、みずからの煩悩と破戒にふかい罪業をみとめ、懺悔(ざんげ)滅罪して庶民のために誦経(じゅきょう)教化(きょうけ)する。ここに肉食妻帯は罪業であり、現世には貧困の報いをうけ、来世には地獄におちると自覚しながら、もっぱら庶民への奉仕に、肉食妻帯の贖罪をもとめる私度僧の姿がみられる。

景戒はまた百姓もしていたらしく馬を飼っていた。みずからの糧を布施だけにたよらず生産に従事していた。住居は俗家にひとしい道場で、「景戒が私に造れる堂」とよんでいる。その仏壇には狐が入りこんで屎尿で穢すほどであった。それにもかかわらず、延暦十四年(七九五)には薬師寺で得度授戒をゆるされ、伝燈位をうけている。

景戒が行基集団の系譜に属して三昧聖(隠坊)もしたのではないかとおもわれるのは、延暦七年(七八八)三月十七日の夢に、自分が死んで自分の死体を自分で火葬した光景を、詳細にのべているので想像される。私がすでに推定しているように、行基集団の私度僧たちは、四十九院とよばれる道場に布施屋と火葬場をもうけて、説経と無料宿泊(宿坊)の布施屋をいとなみ、火葬と百姓をしながら、肉食妻帯の生活をしていたとしなければならない。

景戒が行基の徒に属したことは、『日本霊異記』の行基のとりあげ方でわかるが、いまは説かない。ただこの説経の因縁話をあつめた動機が、沙弥鏡日という肉食妻帯の私度僧の乞食から、『諸教要集』をさずかったことにあることをのべておきたい。『日本霊異記』の跋文の述懐によると、夢にこの鏡日が景戒の家の前に立って説経教化した。そこで景戒が、あなたはどうして乞食するのかときくと、鏡日は家に子供が多くて食物がないので乞食して養うのだと答えた。景戒はこれをきいて、鏡日は観音の化身と知ったというのだが、その論理は、観世音菩薩は「有情を饒益する」ために、ことさら具足戒をうけず、比丘にならずに俗形の沙弥にとどまっている。これは沙弥鏡日がことさら妻子を蓄えて乞食しながら、説経教化するのとおなじことだというのである。

このように庶民仏教の担い手である下級僧侶の肉食妻帯の論理は、菩薩道こそ真の大乗仏教であるという自覚にある。それは俗形、在俗生活であればこそ、庶民の中に入ってその物心両面の救済ができるという主張である。最澄も主張した菩薩戒は「饒益有情戒」を究極の理想とする。高踏的な伽藍仏教はそれがいかに持戒堅固、学徳円満で、美と文化に満ちていようとも、所詮、救済さるべき底辺の人間とは無縁だというのである。

現代の日本仏教が肉食妻帯の仏教になったのは、明治政府の解放令のためであってはならない。古代の聖たちや底辺の民間僧たちがもった、積極的な肉食妻帯の論理を生かしてこそ、現代社会における仏教の存在理由があるといえよう。

# 庵と堂——庶民信仰の寺の発祥

## 一

庵といえば、厭離庵や西行庵、あるいは茶室の不審庵や今日庵などが、まず頭にうかぶ。これらは現実から切りはなされた侘の世界を、庵という小天地に実現しようとするものである。そこでは人間が自然のなかに融けこんでしまうために、一切の人間くささや生活を捨象する。それは唯美主義の世界であるとともに、虚構の世界といえるだろう。

私はこのような庵のもつ虚構性を好まない。いかにも作られた自然であり、わざとらしいのである。これも生身の人間の織りなす歴史を、見つめすぎたせいだろうか。あるいは京都という極端に洗練された、唯美的風土とは異質的な、関東の野性的風土に育った私の血のせいだろうか。

私も数十年前に京都へ移って来たときは、何もかも美しく、めずらしく、新鮮だった。関東平野とちがって、町のなかから、どちらを向いても緑の山が見えるのが不思議だった。しかもそれはやわらかい曲線美をもった山の稜線である。いやが応でも耽美主義にならざるをえないし、そのうつくしい自然にとけこもうとする庵の、侘びた世界がたまらない魅力であった。

そのころの私は物に憑かれたように社寺巡りをし、庭園めぐりをし、茶室めぐりをした。いまのように観光客の姿もなく、文化史研究の学生はどこの寺でも神社でも歓迎された。

しかし、そのうち作られた庭園や、虚構された庵のわざとらしい小天地が鼻につきだした。それはたしかに美しいし、一点非の打ちどころがないのだけれども、あまり繊細すぎてなにか物足りない。私の田舎者の血がよみがえって、そう感じさせたのかもしれない。しかしまたそれが庵の美学の虚構性とマンネリズムを、嗅ぎあてさせたのかもしれないのである。

元来、庵というものは飾り物ではなくて、人間の住む場所である。たとえ世捨て人や隠遁者の住む庵であっても、それは人間くさいのが当然であり、それでこそ庵は生きている。

私はかつて「聖」というものについて持たれた常識的な一般概念が、きわめて抽象的であり、非現実的であることを『高野聖』で指摘した。歴史的存在としての「聖」は、俗悪で人間くさいものである。聖はその世俗性のゆえに、文化的にも、歴史的にも、社会的にも、大きな仕事をのこしえたといえる。その一つの例が西行であった。聖としての西行の人間像は、従来の「歌聖」西行とはきわめて遠いものであった。

その西行の庵についてかたる前に、『方丈記』の庵を見てみよう。

鴨長明は山科の南、日野山の奥に柴の庵をむすんだが、それは現実を逃避して、彼岸に理想をもとめるためであった。彼の庵はこの穢土を厭離し、浄土を欣求する目的のためにつくられた。したがって方丈の庵の北壁には阿弥陀如来の絵像を掛け、その前に法華経をおいた。この法華経を不思議におもう人があるかも知れないが、後の専修念仏の浄土教が雑行雑修ときめつける法華経は、現実の生身の人間がおかす罪と穢れをほろぼす力があると信じられ、清浄な心身となって浄土へ救いとられるためには、必須の経典だったのである。

また部屋の隅には琴や琵琶を立てかけてあり、四季のながめも浄土往生のたよりであった。

> 春は藤波を見る。紫雲のごとくして、西方に匂ふ、夏は郭公を聞く。語らふごとに、死出の山路を契る。秋はひぐらしの声、耳に満てり。うつせみの世をかなしむかと聞こゆ。冬は雪をあはれぶ。積り消ゆるさま、罪障にたとへつべし

これではまったく生活がない。隠遁者の庵は宗教のためだけにあるのでなくて、生活の場である。したがって洗濯物が乾してあったり、大根や枝豆が軒端に下げてあっても、不思議はない。むしろ秋の夕陽をあびた干し大根の方が風流である。そしてそのような人間くさい庵から、庶民の寺というものはできたのである。

西行庵の風景（『西行物語絵巻』）

## 二

人は案外に気付かないが、『西行物語絵巻』（徳川家本）には、西行が嵯峨の奥の聖のもとで、出家剃髪して住んだ庵のありさまが、実にいきいきと描写されている。それはのちにできた西行庵などとは、比較にならぬくらい、人間くさいのである。庵は板敷きの一間と土間に二分され、屋根は藁葺きの切妻に、板庇が四方に張り出してある。いまなら山中の出作小屋にしか見られない一間造りで、土間の一部は便所らしい小窓があいている。絵には見えないが、炊事の竈と水屋が土間にあるのであろう。そこには生きた人間の生活の場がある。

青道心の青年西行は土間の板縁にすわって、外の小坊主になにかを命じている。小坊主は丸太の切株を台に、斧で薪を割っているが、それでは小割りがきかないので、小刀をつかえと命じているらしい。

この庵の絵で何よりも重要なのは、庵のまわりの環境である。それは『方丈記』の庵のような奥山の一軒家ではなく、いわば市井の一部である。背戸にも家があり、前にも二軒の檜垣が見えている。絵の中央の井戸では、子供をねんねこ半纏の中に背負った中年のおかみさんが、洗濯物の踏み洗いをしている。裾を脛高にたくしあげて、昭和三十年代あたりの田舎の井戸端なら、どこでも見られた風景なのである。

洗いあがった着物は、老婆が股木にわたした洗濯竿にかけて干している。その横で子供が一人、手を拍ちながら、なにか唄をうたっているらしい。わらべ唄の声や、水を汲む音や、薪を割る音が、その画面からきこえてくる。これがほんとうの、西行の嵯峨の庵というものであった。西行歿後、五十年とたたない時代の絵巻だから、ことによると写真より正確なスケッチかもしれない。

しかも西行はこの庵のまわりで、子供たちのあそぶ姿を見ていたのである。

　嵯峨にすみけるに、たはぶれ歌とて人々よみけるを
うなゐこが　すさみにならす　麦笛の
　こゑにおどろく　夏のひる臥
むかしせし　かくれあそびに　なりなばや

かたすみもとに（片隅元）よりふせり（伏）つつ
篠ため（撓）て　雀弓はる　男のわら（童）は
ひたひゑぼし（額烏帽子）の　ほしげなるかな

これは『聞書集』に載っているので、西行の作かどうかをうたがう向きもあった。というのは西行の嵯峨の庵の生活があまり人間くさくて、歌聖として理想化された清僧のイメージに合わないからであった。しかし私が主張するように、聖というものは隠遁性とともに、世俗性をもつのが当然である、という西行論からすれば、これは西行作として、なんら差し支えない。後の崇拝者が、勝手につくりあげた理想像に合わないからといって、自分の真実の姿がゆがめられ、作品の真贋までうたがわれた西行こそ、いい迷惑である。いまの思想家などというものが、勝手につくりあげたイデオロギーに現実が合わないからといって、挫折したり、現実を罵倒したり、破壊しようとする愚に似ている。

西行の出家後の庵が、西行歌聖論者のかんがえるほど、現実ばなれした、清潔なものでなかったことは、『西行物語絵巻』にあきらかなばかりでなく、西行みずからも世俗をすてなかった心を歌に托した。

述懐の心を
世をすつる　人はまことに　すつるかは

すてぬ人こそ　すつるなりけれ
世の中を　捨てて捨てえぬ　ここちして
都離れぬ　我が身なりけり

三

南都七大寺や、京都の東寺、醍醐寺、平等院、金閣寺、銀閣寺のような、官寺、定額寺、あるいは貴族や武家の氏寺や菩提寺は、その由緒も歴史もはっきりしている。しかし全国に十数万もある庶民の寺は、その起源がほとんどあきらかでない。たまたま大伽藍になった東京の浅草寺や信濃の善光寺など、庶民信仰の寺も、その発祥はほとんど不明である。しかしこれらの庶民の寺が庵や堂から発展したものであることは、ほぼまちがいない。

『扶桑略記』によると、仏教伝来の年といわれる欽明天皇十三年（五五二）にさきだち、継体天皇十六年に、司馬達等は、大和高市郡坂田原に草堂をいとなみ、本尊を安置したということ。これがのちに坂田寺となった。また蘇我稲目は向原の私宅を寺として向原寺としたが、これも人間の住居と宗教生活の場が同居する、本来の草庵のあり方といえよう。

このような草庵や草堂のもっともはっきりした例は、『善光寺縁起』に見ることができる。善光は難波の堀江から上った善光寺如来を背負って、信州伊那郡麻績（宇沼）郷の賤しい私宅にかえり、臼の上に安置した。しかしこれでは勿体ないというので、一草堂をつくってお移しすると、一晩のうちに善光の粗末な私宅にかえってしまう。草庵や草堂は人間と仏が同居せねばならず、仏はまた人間に負われて民間を遊行するものであった。そこに人間を切りすてて、宗教はありえないことをしめしている。

西行の嵯峨の草庵では、本尊は笈に納れて安置されていた。この笈が仏壇から仏間になって私宅が「道場」とよばれ、浄土真宗や時宗寺院の前身であることが多い。いまも飛騨・美濃の山中には寺院以前の道場がのこっている。柳田國男翁は飛騨でこのような道場を見て、『毛坊主考』を書いた。道場を管理するのは半僧半俗の「毛坊主」だったからである。これがやがて半僧半俗、肉食妻帯の真宗僧侶に成長した。

毛坊主を半僧半俗とすれば、庵や堂や道場は、「半住半寺」とでもいうべきだろう。近江・大和の各地には村人の集会所となっている阿弥陀堂や観音堂があって、惣堂あるいは惣道場とよばれている。このような堂に遊行聖や雲水が定着して寺院化した寺が、民間寺院には多い。浄土宗寺院の成立がわかる『蓮門精舎旧詞』に、それがよくうかがわれる。

京都黒谷真如堂の十夜会や但馬香住の大乗寺（応挙寺）の観音祭などのように、当日は村人や鉦講が本堂を占領して、住職は村人からの七度半の使いが来なければ、本堂へ出仕できないなどというところはすくなくない。これはこの寺の本堂が、もと村道場や惣堂だったからである。

奥三河の曹洞宗寺院の多くも、村の堂や無住の廃寺に、雲水が止住して寺になったという。また能登・越中の寺には、高野聖（十穀聖）の定着をつたえるものもある。このような寺の住職は、初代が最初村へ入ったとき世話になった家を「わらじ脱ぎ」といって、代々住職の晋山式（就任式）には、行列とともに「わらじ脱ぎ」から出発して、寺へ入る儀式をする。

東日本に多いが、墓守の住む墓堂が寺になったものもある。関東・東北地方では村の寺院には、大きな墓地が付属している。これなどは墓堂の寺院化をしめしている。関東では墓堂を寮というのだが、その構造は西行の嵯峨の庵のように一間造りか、二間造りで寮坊主といわれる聖が住んでいる。

私の中学生のころ、郷里の寮に変わった寮坊主がいるというので、友達にさそわれて訪ねたことがあった。低湿地の村はずれの土葬墓地なので、背の高い葦と篠竹にかこまれた薄気味わるい墓地であった。夏の夜で、小柄な老人が薄の根を乾燥していぶす蚊遣りを焚いて坐っていた。団扇で「さあ、おいで、おいで」とまねかれたので縁側に腰をおろして、月を見ながら話をきいた。その話の内容はおぼえていないが、坐禅をしてみないかと、すすめられたことだけはたしかである。

それから私は、ときどきこの薄気味わるい寮へ通って、坐禅の真似事をした。そのうちこの老人は、しばらく実家の寺へかえるから、よかったら遊びにおいでといった。教えられた二駅はなれた助川駅（現在日立駅）に下りて寺をたずねると、すばらしい大きな寺であった。この老人はこの地方の名刹、大雄院の隠居で、ほんとうの寮坊主ではなかった。このときから、私の仏教への興味が芽生えた。

# 日本仏教と葬墓

## 一　葬式仏教

出版関係の人から、仏事や葬儀、墓地や先祖供養の出版物が、かくれたベストセラーであるときいた。ベストテンの上位にあるそうである。これは民衆の心を正直に反映したもので、われわれの心の片隅にはいつも死者がいることをしめすものであろう。いわば無意識のなかの「影」のようなもので、影のない人間はありえないように、誰でも心のなかをほり下げればかならず死者がいる。いやそればかりでなく、老少不定、無常迅速で、いつ近親・朋友の死に会うかもしれず、そういう御当人がいつお迎えをうけるかわからないのである。

葬儀仏事や墓地の知識をもとめるのは、もちろん「死とは何ぞや」というような高度の死生観哲学や、無常観、求道心とは別である。しかしそれは死者の魂の実在を信じ、その魂の加護や戒めをもとめるという素朴な宗教心から出ている。それはいわゆる立て前としての教理仏教とは別であるけれども、仏教が広い意味での宗教であるかぎり、葬送や死者供養のような素朴な信仰にもこたえる必要があろう。

いままでの日本仏教は、まさにその素朴な信仰にこたえて来たのである。葬式仏事を拒否したら現在のような日本仏教は存立しえなかったばかりでなく、いまでも大部分の僧侶と寺院は、無用の長物になるだろう。それにもかかわらず、日本仏教は仏教でなく、「葬式仏教」にすぎないという恰好のいい議論は、仏教者側からの内部告発のような形で出されている。そういって葬式坊主を見下して、伝道紙や説教で教化活動をするのが本来の仏教だといいながら、実際には葬式を行っているのが葬式仏教論者の姿である。そのような議論は、仏教は知恵の宗教であり、覚りをもとめる宗教だという主張から出ており、仏教の社会的機能は社会福祉や幼児教育や説教や人生相談をやっていれば十分だという。しかし「葬式仏教」と自嘲する人はたいていそのどれもやっていないのであるが、そういう人に私は、あなたの宗派だけでも葬式を止めたらどうだろうか、日本仏教のなかに一つぐらい葬式をしない宗派があってもいいのではないか、かならずや賛同者も多いにちがいない、と答えたことがある。そのような宗派は覚りと求道に専念し、社会福祉に全力を傾倒すれば、それは十分に存立価値があるし、また教団としても成り立つだろうとおもう。ただ困ったことに、そのような立派な坊さんがあれば、葬式をしてほしいという申し込みが殺到することである。

しかし「葬式仏教」という僧侶の反省の声があがったことは、日本仏教にとって一大転機をむかえたことを意味するだろうとおもう。それは肉親を失った檀家や民衆側の要求にこたえて、マンネリズムの葬式をしておればお寺は安泰であるという僧侶の怠惰意識に反省をもとめているのである。したがってそれが真面目に執行されて、ほんとうに死者を成仏させたり、往生させる自信があれば、この自嘲の声はあがらなかったはずである。したがってそれは成仏、往生をもとめる檀家側の真剣な信仰にこたえられない僧侶側の、うしろめたさへの反省でもある。民衆はパンをもとめているのに、僧侶は石を与えているのではないかという不安の表明がそこにある。

このような葬式における民衆と僧侶の食いちがいは、肉親を失った人々のもつ霊魂の実在の実感を、僧侶が持ちえないということにあるだろう。喪家の実感に共感するとともに、死者の霊を成仏なり往生なりさせるという自信をもたなければ、僧侶の葬式の執行は空々しく形式的で、マンネリズムにならざるをえない。

願以此功徳　普及於一切　我等与衆生　皆共成仏道
願以此功徳　平等施一切　同発菩提心　往生安楽国

という廻向文(えこうもん)ぐらい、言うはやすく行うは難い言葉はないと私はおもう。この廻向文をやれやれこれでお勤めがすんだといわんばかりに、気が抜けたような鼻声で唱えられると、私などは腹が立ってくる。この廻向文こそ死者の霊を成仏させ、往生させる証(あかし)でなければならない。民衆の僧侶にもとめるものは、生きている「我等と衆生」はどうでもよいのであって、いま死んで迷っている霊魂が、地獄へ行って苦労しないように成仏させてほしい、安楽国に往生させてほしいということである。

これら廻向文が『法華経』の「化城喩品」や、善導の『観経玄義分序偈』に出ているときは、もちろんそのような意味をもっていなかった。しかし日本仏教では「菩提」はサンスクリットのbodhiではなくて、死者を「弔う」ことであり、「成仏」は死者の成仏、すなわち死霊の鎮魂であった。その民衆の心を理解しないから、廻向文は空文になってしまうのである。この「廻向」ということも、観経的には至心廻向や二種廻向（往相・還相）や三種廻向（菩提廻向・衆生廻向・実際廻向）などを説くけれども、日本人の廻向は死者の霊をまつり、慰め、鎮めること以外の何物でもない。ことに大火や大地震があって大量の死者があれば、回向院で慰霊大法要があるというのはそのためである。それにもかかわらず菩提とはbodhiの音写、廻向とは往相・還相などといっておれば、パンをもとめるものに石をあたえるの愚をおかすことになる。

## 二　霊魂の実在

仏教は悟りの宗教、宇宙の真理をあきらめる宗教だから、生きた者のための宗教でこそあれ、死人をあつかう宗教ではないという勇ましい発言もよく聞かれる。いかにも御尤もなので、そのような坊さんは死者はどうなっても構わないのだから、どうか葬式は辞退してほしい。いまでは病気になやめる生者のためには病院があり、貧苦になやめる生者のためには不十分ながらも社会福祉がある。それでもみたされない精神的な悩みをもつ生者のためには、精神医学や精神分析の有能なカウンセラーが、白衣を着て作り笑いしながら待っている。そこで「何々を語る会」や「何々を読む会」などという懇談会、読書会を寺でひらくことになるが、それもあまり面白くないので、月を追ってさびれてゆく現状である。

やはり宗教は「生」とおなじというよりは、生よりも重い「死」のためにあるといってよいだろう。三十六億の人口には三十六億の死がかならずあり、一億二千万の人口には一億二千万の死がかならずある。その死をうけとり、その霊にやすらかな無限の世界をあたえるのは、宗教のほかにはない。これは日本仏教にはかぎらないのであるが、とくに日本人は死者の霊魂の実在をつよく信じ、これを鎮めたり慰めたりして、やがてその恩寵をもとめる民族であった。それも先祖から子孫へとつたわる系譜的霊魂の実在を信じたから、葬式と供養が日本の「家」の原理をささえ、社会秩序と歴史の原理の根底をなしている。日本仏教はただ葬式だけを執行して来たのでなく、葬式を通して日本人の精神生活をゆたかにし、社会と歴史をささえて来たといえる。

坊さんの執行する一つ一つの葬式は暗くささやかであるかもしれないが、日本仏教として総合された役割は大きかった。そのために大きく言えば、日本の仏教文化は花開いたのである。葬式と供養の場として寺が建てられ、仏像がつくられ、経典が写された。平安鎌倉の写経奥書も、石造美術の銘文も、目ざす死者の成仏と往生のためでないものはない。阿弥陀如来像というものは、かつて日本に存在したもっとも華麗な寺であった道長の法成寺（ほうじょうじ）九躰阿弥陀像をはじめ、村々の阿弥陀堂の本尊にいたるまで、臨終仏や供養仏として造立されたものばかりである。拝観者や展覧会のために造られた作品でないことはいうまでもない。「山越（やまごえ）の弥陀図」や「聖衆来迎図（しょうじゅらいごうず）」などの絵画もおなじことであるし、融通念仏や六斎念仏、あるいは歌念仏や和讃（わさん）、踊り念仏、大念仏、念仏狂言から盆踊りにいたるまで、葬式と供養の必要が生みだした日本人の宗教文化であった。

このような宗教文化創造の原動力は、日本人の死者の霊魂の実在観と不滅観であったと私はかんがえている。日本の映画ぐらい葬式やお墓の出てくる国はすくないと聞いているが、これは日本人のセンチメンタリズムのためばかりでなく、死者や霊魂への関心が大きいことをしめすものだろうとおもう。したがって葬式というものは、欧米のように人生の通過儀礼として、一人の人間が社会から消えてゆく儀礼であるよりは、その霊魂をやすらかにするための宗教的実践であることが要求される。

それでは葬墓にかかわる宗教的実践とは何かといえば、まず何よりも霊魂の実在と不滅を確認する修行であるとおもう。仏教各宗には加行や修法、籠山行（ろうざんぎょう）や回峯行（かいほうぎょう）、坐禅や念仏行、抖擻（とそう）や荒行などの実践行がととのっている。これらはいま形式化したものが多いけれども、もとは死にいたるまでの厳しい苦行であった。ということは行者一人の悟りのためというよりは、死の体験を通して獲得される、霊魂の世界の確認にほかならなかった。よく修行者が頓死（とんし）して、地獄や極楽をめぐってくる蘇生譚（そせいたん）が、古代・中世のみならず、近世になってもくり返しくり返し書かれたり、語られたりしている。智光（ちこう）・礼光（らいこう）の話や日蔵（にちぞう）（道賢上人）の話などはとくに有名であるが、これをたんなる唱導のための作り話としたり、中国の説話の焼き直しとするのでは、あれほどつよく民衆の心をとらえた理由が説明できない。

これは修行の目的に霊魂の世界の確認をもとめるものがあり、その世界で肉親知人の死者に会ったり、ときには菅原道真のような有名人に会ったり、天皇や女帝に会ったりして、その消息をつたえるメディアム（霊媒）のはたらきがもとめられたからであろう。宗教者や「ひじり」には常識的な現世とはちがった、非常識な霊界へ出入りする霊的能力が要求されていた。しかも霊魂の世界に出入りし得る人にして、はじめて地獄や極楽をかたる資格があったのである。その体験なしに浄土をかたっても、それはすべて嘘になってしまう。お経や浄土変に描いてあるといっても、取り次ぐ坊さんが信じていないことには、すこしも迫力がない。またそのような浄土を体認した人でなければ、死者を確実に浄土に往生させる能力があるとは信じられなかったのである。

したがって日本仏教が真の葬式仏教になるためには、僧侶が霊魂の実在と不滅を体験する宗教的実践を前提としなければならない。いま葬式仏教を自嘲する人は、葬式を執行しながらも、そこに霊魂の実在を確信できないことを表明した正直な人であるし、それにもかかわらず莫大（ばくだい）なお布施をもらうことを後ろめたいと感ずる善良な人であるとおもう。

## 三　死者を拭く実鸞教

最近私は作家野間宏（のまひろし）氏の旧作『わが塔はそこに立つ』を読んで、日本仏教と葬墓の問題に大きなヒントを得た。その一部は野間氏との対談（雑誌『短歌』昭和五十三年五月号）に語ったことであるが、かつての下級僧侶の葬送へのとりくみ方は、現在の仏教からは想像を絶するものがあったとおもう。

古代においては南都七大寺や二十五大寺などの国家仏教をになう官度僧は、天皇や貴族の葬送には関与したが、庶民のそれには私度僧や三昧聖がこれにあたったことはたしかである。官度僧の葬送関与は、天武天皇十五年（朱鳥元年＝六八六）九月に天皇が崩御されて、殯宮を南庭に起てたときで

> 甲子平旦、諸僧尼、殯の庭に発哭たてまつる。

とある発哭が棺前読経したことをあらわしている。そして大宝二年（七〇二）十二月二十二日に持統上皇の崩御にあたっては、大安・薬師・元興・弘福の四大寺で設斎し、またそのほか四天王寺、山田寺以下三十三寺で設斎したことが『続日本紀』に見える。これは大般若経を読んだり、僧を度したり、貧者に布施することなどであった。

しかしそのころ庶民の葬に関与したのは、行基にしたがう私度僧集団だったらしく、後世の三昧聖は行基の弟子、志阿弥の子孫という伝承をもっていた。志阿弥は私がすでにのべたように「沙弥」ということで特定の個人ではなく、私度僧あるいは聖一般を意味していた。このなかには皇族や貴族の殯が廃されたために失業した、遊部という葬送専業者が多く流入

していたであろう、という推定もかつてのべた。行基集団の一員で『日本霊異記』を著した聖景戒も、自分自身の火葬をおこなった夢をしるしている。そして沙弥や聖の後裔である修験山伏（優婆塞）も、採燈護摩を自身火葬として行って来た。

　こうした私度沙弥や聖の火葬、葬送の伝統は空也のときまであまり顕れないが、空也と空也僧集団でこれは顕在化し、蓮台野聖や三昧聖というようなものもあらわれてくる。これは火葬と埋葬にたずさわったのであるが、かれらが墓の側に住む墓堂が、独立した坊や寺庵になったものも少なくない。そのような寺庵には墓地が付属したので、行基開創の縁起ができたものと推定される。しかもかれらは独立した坊の主や寺庵の住持とはいっても、下級僧侶の身分に甘んじなければならなかった。ところが法然や親鸞によって念仏教団が成立すると、他屋の坊主や庵主という身分で、この教団に流入したものが少なくなかったものとおもわれる。

　原始真宗教団の二十四輩などを中核とする何々門徒を名告る念仏聖集団も、私はたんなる信仰上のあつまりというよりも、葬者集団であったものとおもう。したがって野間宏氏の小説に出てくる実鸞教は野間氏のお父さんの組織しておられた小教団で、信者の死体の世話をしたというが、これは原始真宗教団の実態が秘事法門としてのこった、貴重な事例と私はかんがえるのである。だいたいこの実鸞教は秘密伝法や血脈相承をしたり、秘密の黒谷と六角堂巡りの百日行をする秘事法門的念仏教団であった。しかももっとも貧困な階級を教化対象として、信者が死ねば、教主実鸞みずから死体を拭き清めた上で、浄土へ送るという実践をしていた。

私はこれこそ原始真宗教団の葬送へのかかわり方だったとおもうが、小説のなかのこの壮絶な場面に感動したので、私は対談のときこの点をくわしくきいた。すると野間氏自身この実践の体験をもっているということなので、いよいよ念仏宗団と葬送のかかわりに確信をもつことができた。現在、ふつう湯灌というものは肉親の女性のするものになっているが、かつてはこれを宗教者がしたにちがいない。これを僧侶の地位の向上とともにしなくなっただけである。今も逮夜僧は湯灌のあいだ中、死者に向き合って読経しなければならないといい伝えるのは、その名残りであろう。湯灌は「湯灌頂」の略と私はかんがえているので、宗教者の呪力で死者の罪穢を浄化することであった。古代仏教の「灌頂」は水と呪術による滅罪浄化を意味した。また湯は斎（ゆ＝い）で、これも浄化の意味である。これこそまさしく宗教者の職能であったとおもう。

また一時代前までは葬式の導師は、死者の頭髪をきれいに剃ったもので、これも引導得度授戒して、清信士（優婆塞）や清信女（優婆夷）にする儀式だと説明するけれども、死体を清めた名残りとかんがえられないことはない。いまはこれが一層簡略化されて剃刀を髪にあてるだけになってしまった。しかもほんとうに死者をお浄土に送ってやろうと思うなら、その肉体も精神もきよめてやるという慈悲心を発露すべきものであろう。実際にこのようなことは身の毛のよだつほど真剣な「往生させる」信念がなければできることでない。野間氏はこのような父を小説のなかではそれほど評価せず、父親（実鸞）の思想を一言にしていうならば、骨組もなおそなわることのない貧弱なものであり、豊かな発想は何処にも見ることは出来なかった。そこに見るべきものがあるとすれば、それは貧困者にたいする、いつも火を噴きだしているといえる共感だった。この貧困者に対する共感によって父親は宗門を支え、宗門を拡げてきたのだが、それはすでに限界に達しようとしていたのだ。

と書いている。しかしこのような貧困者への共感は実鸞教という小教団（宗門）だけでなく、念仏教団全体をささえ、日本仏教そのものをもささえて来た。それが「死体を拭く」というまでの葬送へのかかわり方をもって、空洞化しようとする「往生」を実践していた。この小教団はなるほど神戸か大阪の貧民街の片隅のものであったかもしれないが、その信仰は日本仏教を掩うほど大きい。しかもこのような葬送を実践する僧侶は、日本仏教や念仏門の最底辺をささえて来たにもかかわらず、秘事法門あるいは異端として疎外され、いやしめられたのである。

# 日本仏教と呪術

## 一　祈りと呪術

第二次世界大戦末期の昭和十八年秋に、私は越中の大岩不動日石寺を訪れたことがある。この旅行不自由な時期が、私の民俗採訪をいちばん活発におこなうことができた時代で、このときは越中から越後への旅であった。大岩不動へは学生時代にも行ったことがあり、夏だったので滝に打たれてまことに爽快な印象をもっている。その滝の側の茶店の素麺と栃餅もおいしかったが、この滝に打たれる脳天への震動は、なにか頭が良くなるような爽快感があった。

昭和十八年の秋には日が暮れてから着いたので、お寺へたのんで泊めてもらった。朝のしらじら明けに、巨大な桂の木の落ち葉がさかんに降るのを見ながら本堂へ出ると、もはや数人の参詣人が、蠟燭の光のなかで、不動明王の真言をとなえながら一心不乱に「額突き」をしていた。この本堂は平安時代作の、壮大な磨崖仏不動明王を彫った大岩に、差し掛けたように造られており、その外陣に額突台がおいてあった。

この台は長さ三メートルぐらいの丸太の両端に、高さ二〇センチぐらいの台足を打ちつけたもので、その前に坐って頭を下げれば、ちょうど「ぬか」すなわち額がコツンと当たるのである。日本人の本来の礼拝（らいはい）はこの「額突き」だったから、神や仏の前に「ぬかずく」という言葉ができたことは、説明するまでもない（しかしちかごろ出た『日本国語大辞典』は「ぬかずくは額突くか」と疑問としている）。したがって修験道の方では、仏前三礼（さんらい）といっても、額を床にうちつけなければならないのである。

お寺の説明によると、ここではいくぶんまいっている人でも、こうして真言をとなえて「額突き」をしておれば治るということであった。なるほどこの「額突き」も、般若心経をとなえて滝に脳天を打たすことも、脳細胞に震動をあたえ、多少異常な排列をした細胞も正常にもどるのかもしれない。しかしこうして暗いうちから、一心不乱に仏にいのるという実践が、病気を治し健康をもたらさないはずはないが、これを宗教ではその誠心が「神仏に通じた」とうけとる。呪術というのは、こうした「祈る」という行為そのもの、あるいはその形式化したものを指すのである。

これに似た経験を、私は戦前にも見たことがある。いまもおそらくおこなわれているかとおもうが、出雲の一畑（いちばた）薬師へ詣でたとき、目のわるい人が朝早く海岸まで下りて、海藻を拾って来て、薬師の真言をとなえながらこれを仏前にそなえるのを見た。そのような人々のために籠堂（こもりどう）があって、この苦行を何ヵ月もくりかえしていると、不思議に目が見えるようになるという。これも誠心が「神仏に通じた」とうけとるが、このような実践が全身を健康にし、したがって目も良くなると説明することも可能であろう。また海の彼方から寄って来る海藻は、常世（とこよ）からの贈り物であり、もっとも清浄な供物であるから、仏もこれをよろこびたまうという信仰があったのかもしれない。しかしいちばん大切なのは、身を労して一心不乱に「祈る」という行為そのものであって、これはかならず苦行をともなうものであった。

日本人はこうした苦行を通して邪念をはらい、無心になることによって、誠心が神仏に通ずると信じた。このようにしてはじめて、神仏の加護が得られるというのが「祈り」の構造である。しかし苦行の精神構造を分析すると、われわれの病気や災難は、自分自身または先祖のおかした罪や穢れ（因）の報い（果）とうけとり、その罪穢をほろぼすための滅罪行であった。そこには因果応報の庶民的論理がはたらいている。しかし神や仏という信仰対象者を立てると、それに誠心を照覧してもらって、その加護をもとめる「祈願」になる。一般に呪術というのは、苦行をともなわない「祈願」の形式化したもの、と規定することができるであろう。

しかしそうだからといって祈願そのものを否定することはできない。知識人は経典や真言による祈願をすぐ「祈禱仏教」といって軽蔑（けいべつ）するけれども、祈願や祈禱は本来の意味では宗教の生命である。平安時代の仏教は祈禱仏教、伽藍仏教になったから、鎌倉新仏教が誕生した、などと単純に説くのは、もう止めた方がよい。このような歴史の形式化、教科書化こそ、宗教のためにもっとも有害である。ただ祈禱が一部の貴族や権力者のためだけにおこなわれたり、祈禱が形式化して苦行精神を喪失した場合は、批判されなければならない。しかしほんとうの祈禱は、誠心と慈悲心の交流合一であって、その実践は呪術と苦行にある。これがすすんでは社会的救済にまで発展することもあるが、それはあくまでも「祈り」の表現と実践にほかならないのである。

## 二　苦行と呪術

従来の呪術論は、呪文（真言）や呪物や呪的行為（印や呪的動作）の表面的な形態だけをとりあげて、その内面を無視して来たようにおもわれる。とくに呪術と宗教の関係はキリスト教を基準にして論じられたために、呪術は宗教ではなく、未開野蛮であり、異端的・悪魔的であり、悪であるときめつけられていた。その尻馬にのった日本の宗教学者や哲学者やインテリ一般も、呪術といえば顔をそむけ、迷信の親玉のようにかんがえて、行者とか祈禱師を蛇蝎視する。天台や真言などの密教を中心とする宗派は、「祈禱仏教」の烙印をおされるのをおそれて、祈禱を隠そうとし、教学や哲学にだけ精を出すことに懸命である。

私は教え子から、宗門大学を出て田舎の寺へ帰ったら、檀家がいろいろの祈禱をたのみに来るので困るという相談をしばしばうけた。このようなとき護摩を焚いたり、一尊法を修するのは上等の方で、たいていは本尊さんの前にすわらせて、もっともらしく護身法の印などむすんで、「アビラウンケン」をとなえたり、数珠で頭をなでてやったら、不思議と治って自分もびっくりしたという。そのようなとき、袖の下で印を結んだり、三鈷でカリカリと数珠を加持したり、散杖で頭の上に灑水したりするのが、信者には意外の心理的効果をもたらすということも事実なのである。

そのような効果は、信者の心がきわめて素朴で清らかであり、呪術者である僧侶を無心に信頼するときにおこることは言うまでもない。またもう一つは信者の苦痛や災難がきわめて大きいために、「溺れる者は藁をもつかむ」たとえのように、平素は因業な人間であっても、ひたすら純真に呪術者を信ずる場合である。このように無心なもの、純真なものをあざむく呪術者もまれにはあるが、その罪は呪術者のモラルの問題であって、呪術そのものの罪ではない。

したがって呪術そのものは、すでにのべたように、「祈り」という宗教の本質の表現であり実践であって、それ自体が悪なのではない。問題はこれを実践する宗教者、呪術者の信仰とモラルにあると見なければならない。キリスト教の最高の宗教儀礼はミサ（聖餐式）であって、そのクライマックスはサクラメント（秘蹟）で、パンをイエス・キリストの肉に変え、葡萄酒をイエス・キリストの血に変えることである。これを飲食することによって神の恩寵が身に入り、神の祝福がえられるとする。これなども一種の呪術なのであるが、日本ならば神仏にそなえられた御供の餅をいただいたり、神酒をいただいたり、ときには護符を切って飲んだりするのと、なんら違いはない。

しかしきわめて大切なことは、カトリックでサクラメントをおこなうことのできるのは、童貞の神父だけにかぎられるという点である。この点に呪術の秘密があるといえよう。すなわち呪術者はふつうの人間ではないということである。人格の大部分はふつうの人間であっても、ただ一点だけでも人間を超え、神や仏に近いものがなければならない。それは神や仏と人間のあいだに立つ「宗教者の条件」でもある。「人間の条件」だけで、宗教者の「必要にして十分なる条件」とすることはできないというのが、素朴な庶民信仰なのである。

カトリックのこのきびしい条件のために、神父の数はだんだん減少しており、パリなどでは平素の教会の世話やミサの準備万端は、妻帯のディアックル（助祭）がする。その代わり、サクラメントのときだけは、掛け持ちの神父がかけつけるようになっている。これは呪術者には特別の宗教的資格が要求されることをしめすもので、日本仏教の聖でも、平素は肉食妻帯するけれども、一定期間の脱俗修行をしなければならなかった。それは参籠や入峯修行、あるいは水行・滝行などの潔斎、または五穀断ち、十穀断ちなどの木食や断食であった。

いまでもこのような苦行によって、呪術者はその自覚と資格を得ているのであって、それがなければ信者は付かない。身延山の荒行も、呪術者としての験力（能力）を獲得する行であるから、これを満行した行者には多くの信者が付くことは、今日われわれの目の前に見るとおりである。こうして人間以上の能力を獲得したことがみとめられると、信者とその行者とのあいだに絶対的信頼関係ができ、その信頼を通して呪術は効果（験）を発揮するので、病気は治り、不安はとりのぞかれて、災が去る。これが呪術のメカニズムであるが、信頼こそ奇跡を生む根源である。またその信頼をつくるのは、呪術者の超人間性をしめす苦行なのである。この苦行なしに呪術は成り立ちえないし、それがなければ虚偽の呪術となる。従来呪術を悪としたのは、この身命を捨てるまでの苦行と、救済の「祈り」のないものに向けられた非難にほかならない。

奈良時代に行基のまわりに民衆がむらがりあつまったのも、三十七歳までの山林棲息による呪的能力への信頼があったからであろう。また空也も青年期には五畿七道を歴遊したり、阿波の湯島で断食や腕上に香を焼くような苦行をおこなった。その腕上焼香の焼痕が死ぬまでのこっていたというから、これを見て民衆は空也の呪的能力を信頼したものとおもわれる。高野聖や念仏聖なども、高野山なり熊野なりの聖地に隠遁して多年籠山することが、その呪術への証明になった。そのような例をあげれば枚挙に遑がないであろう。

## 三　密教と呪術

オカルト・ブームも一時ほどではないが、現代人の呪術への憧れは、いろいろ形を変えてあらわれてくる。いまその憧れは密教にむけられ、曼荼羅にむけられているように見える。民衆の志向を先取りする出版界がまたこれをあおりたてるが、それというのも観念的な仏教、教理だけで実践のない仏教、哲学だけで奇跡のない仏教に民衆は見切りをつけた、と見て取ったためであろう。

宗教は超現実性と超人間性を本質とするがゆえに、神または仏と奇跡が要請される。この超現実的な奇跡をおこすための実践方法として呪術があり、その実践者こそ宗教者であり僧侶、神官である。密教が除災招福や治病安産、祈雨止雨、五穀豊登、天下安穏、家内安全、ちかごろでは交通安全などの祈禱をするのも、呪術によって奇跡をもたらそうとする実践である。

しかしこれを宗教史的に見れば、このような呪術こそ宗教の起源であって、この呪術を儀礼化し、教理化し、教団化したものが普遍的な成立宗教になる。呪術の段階にあった密教は、いわゆる雑部密教であったが、空海が真言宗という教団を成立させるためには、両部密教による儀礼化（事相）と教理化（教相）を必要としたのである。そうはいっても、実際に民衆の除災招福、治病安産、祈雨止雨等々の宗教的要求にこたえるにあたっては、雑密的呪術がおこなわれてきたもので、その本質がかわったわけではない。しかしこうなると密教的呪術は、国家や貴族の要求する儀礼的呪術と、民衆の要求する苦行的呪術、すなわち原始的呪術に分かれた。一方は高級僧侶が華麗な道場荘厳と莫大な供物や布施のもとに、一種の儀式として修法される。後七日御修法や仁王会などはこれである。

私も大戦末期に、近衛文麿公の発願による敵国降伏の大元帥法道場を、高野山金剛峯寺金堂で拝観したが、すばらしく豪華なものであった。その前にも東寺（教王護国寺）灌頂堂での後七日御修法道場を見て、その荘厳におどろいたことがある。しかし平安時代の仁王会や御修法、あるいは七仏薬師法や熾盛光法などの密教修法がいかに豪華であったかは、『年中行事絵巻』などを見れば十分想像できる。この前行として、どのような苦行や潔斎があったかはあきらかでないけれども、貴族出身の僧正や歌読み僧正にはだいたい程度は知れている。このあいだ国東半島の六郷満山でおこなわれる修正鬼会（修正会鬼走り）を拝観し、天台僧が金襴の九条袈裟で修法するのを見た。これなども貴族化した密教修法として、修正会がおこなわれていることをしめすもので、民間の修法ならば行衣や浄衣、あるいは如法衣でおこなわるべきものであろう。

これに対して民間の密教呪術は苦行をともなうのが本来である。このような呪術者は「浄行者」ともよばれており、平安時代初めの元慶二年（八七八）には「七高山阿闍梨」というものが、伊吹山、比良山、比叡山、愛宕山、神峯山、葛城山、金峯山におかれたことが見える。これは公認された山伏、修験の初まりともかんがえられるもので、かれらはそれ以前から民衆のために呪術修法をおこなっていたのである。その苦行と山籠は、すでにのべたように、神や仏に近づいて、その超人間的呪力（験力）を身につけることによって、呪術を効果（験）あらしめるための必須条件であった。苦行というものは、自己および他人の罪穢をほろぼしきよめる実践であるから、苦行をすれば身心がきよめられて、神や仏が行者の身に宿るという論理であった。これを神道ならば神が行者の身に「憑依する」といい、仏教ならば仏と行者は瑜伽相即して「即身成仏」したという。

即身成仏については密教教理では、煩瑣で分かったようで分からない理論を展開するけれども、このような私の理解は、日本の庶民信仰と思考形式をふまえた、きわめて単純明快な理解である。そして民衆や庶民的密教僧、あるいは山伏の即身成仏の目的は、突如として五仏の宝冠が頭上に涌いて人をびっくりさせたり、入我我入の即身成仏を体験するためではなくて、超人間的呪力で人々の病気を治したり、災害をはらう呪術を効果あらしめるためであった。すなわち庶民の密教は呪術的であるとともに、きわめて実用的だったのである。

## 四　僧尼令と呪術

私は民俗学の立場からは、呪術を「民間信仰」の一部として分類する。「民間信仰」はまた「民間宗教」、すなわち民間仏教や民間神道、あるいは修験道や陰陽道に対して、その根源となる俗信的、原始的な信仰形態である。

ところがこの「民間信仰」は、呪術と巫術と占術から成っていると私はかんがえている。巫術と占術を呪術に入れる説もあるが、私はこれを分けるべきものとかんがえている。私のこの三分類は、実は『大宝律令』の「僧尼令」によったもので、その第二条には、

凡そ僧尼、吉凶を卜相り、及び小道、巫術して病を療せらば、皆還俗せしめよ。其の仏法に依りて呪を持して疾を救へらば、禁限りに在らず。

とあって、「小道は厭符の類なり」といわれて呪術だったわけである。これは仏教の「呪」を陰陽道その他の「厭」あるいは「厭魅」と対立させたのであるが、現在の用語でいえ

ば、いずれも呪術にあたる。卜相吉凶が占術にあたり、巫術が巫術にあたることはいうまでもない。

いま占術、巫術の説明はしばらく擱くとして、呪術というものは農耕呪術、鎮魂呪術、医療呪術に分けることができるであろう。仏教はこれらのいずれにも関係があって、孔雀明王呪法や請雨経法などで祈雨法をおこない、大般若経による雨乞いや豊穣祈願などの農耕呪術をおこなっている。空海の神泉苑祈雨は、大雲輪請雨経法で善女龍王（善如龍王）を勧請したものといわれている。『性霊集』（巻六）には大般若経転読による雨ごいもしたことが記されている。大般若経はまた農作の害虫に対しても転読されるが、のちに虫送りの効験はもっぱら念仏に依存するようになる。いわゆる「虫送り念仏」である。これはいまは一種の年中行事として、観光化したところが多い。これを「虫送り念仏」でなく、「虫供養念仏」に代えたのが、尾張知多半島各地でおこなわれる「虫供養」である。しかしこれらは「大念仏」の方式であって、死者の怨魂が害虫になるという信仰から、大念仏（踊り念仏や念仏行道あるいは盆踊り）によって怨魂を鎮め、その結果として害虫を駆除しようとしたものにほかならない。このように念仏は強力な鎮魂の呪力ある呪文として、呪術にもちいられたのである。

日本仏教の呪術は、当然のことながら鎮魂呪術がもっとも重要であった。これは日本人の固有信仰では、すべての災害はみたされない死者の霊魂のしわざとされていたのを、仏教の呪術で鎮魂しようとしたからである。ことに非業の死者の怨魂は、強力な鎮魂呪術によって鎮めなければ、饑饉や旱魃や害虫、疫病、洪水、暴風をもたらすと信じられた。「物怪」もその一つで、平安時代までは大般若経が物怪の鎮魂にしきりに転読されたことは、六国史を見ればよくわかる。たとえば桓武天皇の御病気は廃后の井上内親王とその子の廃太子、他戸親王の霊のしわざとされて、延暦二十四年（八〇五）二月六日の『日本後紀』には、僧百五十人を屈請して、宮中と東宮坊で大般若経六百巻を転読し、霊安寺に莫大な献納をした。これは「神霊の怨魂を慰むる也」と書かれている。

奈良時代の行基とその徒衆の宗教運動もこの鎮魂呪術をおこなったらしく、『続日本紀』の天平二年（七三〇）九月二十九日条には

安芸・周防の国人等、妄りに禍福を説き、多く人衆を集め、死魂を妖祠して祈る所ありと云ふ。また京（奈良）に近き左側（東山）の山原に多人を聚集し、妖言して人を惑はす。

などといわれて、これは行基等の仕業とかんがえられていた。この集団にたいしてはすでに養老元年（七一七）四月二十三日の禁令に、

方今、小僧行基並びに弟子等、（中略）輙く病人の家に向ひ、詐つて幻恠の情を禱り（呪術）、戻りて巫術を執り（巫術）、逆め吉凶を占ひ（占術）、耄穉を恐脅し（下略）

と非難されたのは、怨魂死霊の恐怖を説いて、その鎮魂の法会に大衆を動員したからである。

このような鎮魂呪術は空也のころから念仏と踊りでおこなわれることが多くなり、中世になるともっぱら大念仏によるようになった。たとえば『平家物語』（巻三）では、少将成経（なりつね）は備前有木（ありき）別所で非業の死をとげた父成親（なりちか）のために七日七夜の大念仏をおこなった。また謡曲「隅田川」では人買にかどわかされて、隅田川のほとりではかなくなった梅若丸のために、村人は梅若塚の大念仏をしたとある。

医療呪術もその病気が怨魂の仕業ということが巫術でわかれば、鎮魂が医療呪術になる。しかし冒頭にのべたような「額突き」も滝行も実践的な医療呪術であって、これによって身心の罪穢を除き去り、健康を得ようとする祈りにほかならない。そのとき呪文としてアビラウンケンを唱えたり、九字（臨兵闘者皆陳列在前）を切ったり、般若心経をとなえ、不動真言を誦するようになって呪術が成立してゆく。すなわち呪術は祈りと苦行が、次第に儀式化し、形式化し、教理経典曼荼羅化してゆくところに成立するものである。したがって祈りと苦行の裏付けをもった呪術は真の宗教であり、信者の心身に奇跡をおこすものといって差し支えない。その代わり祈りと苦行の実践を欠いた呪術は、いかに道具立ては立派でも、虚偽の宗教であるといわなければならない。

# 日本の観音信仰

## 一　千手の誓い

○観音大悲は舟筏　補陀落海にぞうかべたる。
善根もとむる人しあらば　乗せて渡さむ極楽へ。
○万の仏の願よりも　千手の誓ぞたのもしき。
枯れたる草木も忽ちに　花さき実なると説いたまふ。

平安時代末期の流行歌をあつめた今様集『梁塵秘抄』の仏歌に、観音はこのようにうたわれている。とくに「千手の誓」の今様はよくうたわれたらしく、『平家物語』（巻二）の、鬼界ケ島での「卒都婆流し」の条では、康頼、成経の夢に二、三十人の女房があらわれて、この今様をうたったという。これは熊野権現の御利生であって、そのために赦免の赦文をうけることになったとする。

千手観音はいうまでもなく熊野の「西の御前」すなわち、那智権現の御本地である。この千手観音はとくに補陀落信仰とあわせて、わが国ではひろく庶民に信仰された。ということは多く海と湖水にゆかりのある霊場にまつられたからである。

西国三十三所霊場でも竹生島宝厳寺（第三十番）の千手観音は有名であるし、日光中禅寺湖畔の歌ケ浜立木観音（旧中禅寺本尊）も千手観音である。そしてここには補陀落信仰があったので、補陀落山を二荒山とよび、二荒（日光）の名が出た。駿河の海、遠州灘をのぞむ久能山は、現在東照宮がまつられて不明に帰しているが、織田信長が乱暴にも久能寺を焼いて築城するまでは、千手千眼観音をまつる補陀落霊場であった。したがって康永元年（一三四二）の『駿河国久能寺縁起』では山号を補陀落山とよび、熊野十二所権現を鎮守としたとある。

四国霊場でも足摺岬の雄大な海洋にむかう蹉陀山（第三十八番）金剛福寺補陀落院が千手観音を本尊とする。四国霊場は平安時代には「四国の辺路（遍路）」とよばれたように、海辺をめぐって島を一周する霊場から出発した。したがって千手観音を本尊とする霊場が十ヵ所あり、観音としてはもっとも多い。また西国三十三観音では、半数にちかい十五霊場が千手観音をまつり、坂東三十三観音では十一霊場もある。

これらの千手観音は海岸寺院でなければ山岳寺院であって、風景はすばらしいけれども、厳しい地勢のちかづきがたいところにまつられることが多い。このような条件は十一面観音ではいっそうはっきりするが、日本での観音霊場信仰に、千手観音と十一面観音が多いのはなぜであろうか。

十一面観音でいえば、西国三十三観音では六霊場、四国八十八ヵ所では九霊場、坂東三十三観音ではちょうど半数の十六霊場におよぶのである。ことに陸奥（みちのく）の古仏といわれるものは、鎌倉以前のものはほとんど十一面観音で、のこりは千手観音である。これをたんに偶然といってしまったのでは、わが国の観音信仰の本質をとらえることはできないであろう。

常識では観世音菩薩といえば、慈悲円満で柔和なる仏の代表となっている。その表現も女性的なので、観音さんは男か女かというような通俗的質問がよく出る。とくに観音経所説の観世音は、三十三身に変化（へんげ）して衆生のあらゆる願望にこたえるといわれるために、すべての現世的欲望を満たすものと信じられてきた。しかし観音経をよめばよく分かるように、この菩薩の救済は、衆生の願望をかなえる慈悲よりも、危難をすくう呪力、すなわち力による救済なのである。

> 或（あるい）は王難の苦に遭ひ、刑に臨んで寿終（いのち）らんとするに、彼の観音の力を念ずれば、一尋（ひろ）の刀も段々に壊（え）せられん。
>
> 或は囚（とら）へられて、枷鎖（かせくさり）に禁（いまし）められ、手足枷械（かせかけ）せられんに、彼の観音の力を念ずれば、釈然として解脱するを得ん。

と、ここに説かれた観世音はすべて危難から衆生をすくう力の仏であった。

これは生活条件のきびしい古代人の信仰として当然のことであって、古代人の、とくに力も知恵も財力ももたぬ庶民の幸福というのは、王難や天災の危難からのがれることにほかならなかった。したがって力のある観音、呪力をもった観音として、千手観音と十一面観音がまず日本人の信仰の対象になったのである。

## 二　観音の浄土――補陀落

藤原明衡の撰した『清水寺縁起』によれば、清水寺の開基は大和子嶋寺（南清水寺）の報恩大師の弟子、延鎮（別名賢心）で、大檀越は坂上田村麿である。延鎮がこの寺を開く前から、音羽滝のほとりで寿二百歳の行叡居士が、千手観音の真言を誦して山岳修行をしていた。延鎮と行叡居士の出会いは宝亀九年（七七八）四月八日というが、延暦十七年（七九八）にいたって延鎮は田村麿に会い、金色十一面四十手観音を造立したとある。四十手観音といったのは、ふつう千手観音は四十二臂なので千手観音を指したものとおもわれる。世にしばしば十一面千手千眼観音なるものがあるが、これは清水寺がもとである。

ところで後世の『清水寺縁起』や謡曲「田村」では、この観音が田村麿の蝦夷征伐や鈴鹿山の鬼神征伐に、

千の御手ごとに、大悲の弓には、智恵の矢をはめて、一度放せば千の矢先、雨霰とふりかかつて、鬼神の上に乱れ落つれば、ことごとく矢先にかかつて、鬼神は残らず討たれにけ

り。

とあるような、怨敵退散の力の仏として信仰されたのである。

奈良時代の千手観音として現在まで残ったのは、唐招提寺金堂の木彫千手観音立像（一七三センチ）と、河内葛井寺（西国霊場第五番）の乾漆千手観音座像（七八センチ）であろう。ともに後世の四十二臂像とちがって、九百数十本の手をもっていて、すこしも均斉をくずさず、荘厳華麗な御姿である。那智の浦から補陀落渡海した僧が、千手観音像を船の舳先に立てたのも、この仏の像容がさながら帆を張った形に似ているからであろう。

また奈良時代末期から平安時代前期の作として、下野大谷寺の千手観音磨崖仏（四〇二センチ）の巨像がある。有名な大谷石の岩壁をほった石窟であるから風化がはなはだしいが、その端麗な像容は奈良時代の作をおもわせる。関東には奈良時代から平安初期には、中禅寺の立木彫千手観音とともに千手観音が多いので、『常陸風土記』の多珂郡にあったという海岸の磨崖仏も、千手観音ではなかったかと私はかんがえている。

国宰川原宿禰黒麻呂の時、大海の辺の石壁に観世音菩薩の像を彫り造りて、今存れり。よりて仏の浜と号く

とあるのは、茨城県旧多賀郡の日立市川尻海岸ともいうが、川原宿禰の名からすれば日立市

川原子（かわらご）海岸かもしれない。このような海にむかって彫られた磨崖仏は観音経に

　或は巨海に漂流して、龍魚や諸鬼の難あらんにも、彼の観音の力を念ずれば、波浪も没（しず）むること能はず

とあるように、漁民を海難からすくうばかりでなく、海難で死んだ人々の霊をすくう補陀落信仰があったであろう。ということはこのめずらしい奈良時代の磨崖仏が、千手観音であったという推定につながる。中禅寺湖畔の立木千手観音も補陀落信仰があるとともに、いまも船禅定（ふなぜんじょう）といって、中禅寺湖でその年死んだ霊を供養する補陀落船を出して、湖水めぐりをするからである。

　そこでかんがえなければならないことは、日本人に観音信仰をうえつけた補陀落信仰である。インドの補陀落(Potalaka)は南インドの海中にあるという、観音の浄土とされる想像上の島であった。ところが日本人のあいだにも、海の彼方に想像上の島があって、これを常世（とこよ）といった。常世というのは「永遠にかわらざる世界」ということで、不老不死の信仰があり、中国の蓬萊（ほうらい）と同一視された。熊野那智の補陀落信仰は、西国三十三番の第一番の御詠歌に

　ふだらくや　岸うつ波は　三熊野の

那智のお山に　ひびく滝つ瀬

でよく知られるが、これは日本人の常世信仰とインド人の観音浄土信仰と、中国人の蓬萊信仰がミックスしてできたものである。観音信仰というものは、このような複雑な構造をもって、日本人に受容された。

ところで日本人の補陀落、すなわち常世は、不老不死の信仰から龍宮信仰を生み、浦島太郎の玉手匣の昔話のもとになった。しかしそれは先祖の霊がそこにあつまっている「あの世」――私の名付ける「海洋他界」――と信じられていた。それは古代神話から類推するほかはないが、たとえば『日本書紀』の「神武天皇紀」に、天皇の軍が熊野灘をすすんだとき暴風に会った。そのため天皇の兄二人は犠牲となって死んだが、これを

則ち浪秀を踏みて、常世郷に往でましぬ。

と表現している。あるいは同書「神代巻」に少彦名命の死を

少彦名命、行いて熊野の御碕に至りて、遂に常世郷に適でましぬ。亦曰く、淡嶋に至りて、粟茎に縁りしかば、則ち弾かれ渡りまして、常世郷に至りましき。

補陀落山寺本堂（和歌山県那智勝浦町）

などとかたられている。このような信仰は玄界灘に面する肥前（長崎県）五島列島の三井楽にもあった。ここは遣唐使の出発港として『万葉集』にもしばしば詠まれた美弥良久であるが、この島では死者に会えるという信仰のあったことが、『蜻蛉日記』（上）や『散木奇歌集』（悲歎）に見える。そればかりか沖縄では海の彼方のニライカナイ（根の国）に死者の霊はとどまり、お盆にはその霊がアンガマ（爺と婆）に扮して往来するという。このような例をあげればきりがないが、日本人が補陀落信仰にともなう観音信仰を受容したのは、常世やニライカナイのような海洋他界の実在を信じ、他界における祖霊の懲罰と恩寵の力を千手観音に托したからにほかならない。

## 三　呪力ある観音

わが国に観音信仰が伝来したのはいつか。この問いにこたえることはまことにむずかしいし、その詮索は私にとってあまり重要でない。私にとってそのような問題よりも、それがいつごろ、どのような形で日本の民衆の心にとけこんだかをあきらかにすることの方が意味がある。

しかし一応文献をあげて見ると、『扶桑略記』の推古天皇三年（五九五）の条に、吉野比蘇寺の放光仏は観世音菩薩だという記事がある。これによると、土佐の南海に光と雷声をともなう栴檀香木があらわれ、淡路島南岸に流れ寄って来た。これは南天竺南海岸に生ずる香木なので、天皇は仏教興隆のしるしとして檀像をつくらしめた。

> すなはち勅有り。百済工をして檀像を刻造せしむ。観世音菩薩高さ数尺なるを作り、吉野比蘇寺に安ず。時々光を放つ。

とある。実はこの仏像は『日本書紀』の欽明天皇十四年（五五三）の条に見える吉野寺放光仏とおなじものであるが、そこには尊名は記されていない。しかしこの吉野寺（比蘇寺または現光寺、または世尊寺）の記事文献は、すでに私が指摘したように、八世紀以前にあった比蘇寺縁起が書紀の中にまぎれこんだもので、いずれも事実とはかんがえにくい。といっても、だから文献的価値がないというのではなくて、すでに『日本書紀』成立時（七二〇）にこのような寺社縁起があったということは、注意しなければならないとおもう。

観音信仰のわが国への伝来は、一つは法華経所説の独立の信仰として、二には阿弥陀如来の脇侍として、三には雑密信仰の一尊としてであろう。独立の信仰としては推古・白鳳期の

善光寺式三尊仏（妙高山頂　旧本尊）

四十八体仏や、出雲鰐淵寺、播磨鶴林寺などの金銅聖観音像、あるいは法隆寺の夢殿観音、百済観音などがよく知られている。ただ私が注意したいのは、これらの尊像は法隆寺金堂壁画などとともに、貴族階級の信仰の対象であって、庶民の目からは隔絶されていたことである。

弥陀三尊としての観音像は、善光寺三尊仏が伝来当初、弥陀三尊であったかどうかに疑問があるので除外すれば、法隆寺金堂西面大壁の阿弥陀浄土に観音像が描かれたのが古い。これも法隆寺再建時のものとすれば、いささか時代は下るであろうが、ともかく貴族階級の信仰対象が、柔和典雅な慈悲相の聖観音であるのは、苦労を知らぬ貴族の好みにふさわしい。和辻哲郎氏などが『古寺巡礼』で心酔したのは、この貴族趣味の典雅なる観音の美であった。

これに対して前奈良期、あるいはこれに次ぐ奈良前期には、白山開創の修験者、越の泰澄が十一面観音の呪法を修したという所伝があり、ほぼあやまりないものと信じられる。というのは、ちょうどこのころ天武天皇四年（六七五）に私度沙弥となった徳道聖人が、弘福寺道明聖人とともに、長谷寺十一面観音立像を造立しているからである。このことは菅原道真によって草せられた『長谷寺縁起文』によってあきらかであって、徳道も泰澄とおなじ山岳修行者であった。また奈良前期には、奈良東山の金鷲優婆塞、のちの良弁僧正が不空羂索観音像（東大寺法華堂本尊）をつくり、その弟子という笠置山の実忠和尚が十一面観音（東大寺二月堂本尊）をつくった。いずれも山岳修行者の雑密的観音である。

これらの密教的庶民信仰の観音は、長谷寺観音や二月堂観音、三月堂観音、あるいは清水寺観音、粉河寺観音（千手）、壺坂寺観音（千手）、竹生島観音（千手）として衆生済度したことは、貴族的聖観音の済度とは比較にならぬくらい大きい。これらは多く「力のほとけ」として除災招福の御利生をもって信仰されるのである。

一般の常識では観音といえば柔和の慈悲相とかんがえているのに、庶民信仰では忿怒相、または不動明王のように羂索や器仗（武器）をもって威嚇する観音がすくなくない。十一面観音でも、前の三面は慈悲相をあらわし、左右の六面は忿怒相、そして後の一面は忿怒の極致で、魔を笑いによって払う大笑面である。千手観音の手を見れば、いかに多くの武器をもつかにおどろくであろう。東大寺三月堂（法華堂）の不空羂索観音は天平彫刻の典型といわれるが、その厳粛な面相は異様な威厳をもって迫ってくる。それは一面三目八臂という異形だけから来るものではなくて、その内面の本誓から来るのである。しかし和辻哲郎氏はこの像をあまり好かなかった。氏は『古寺巡礼』のなかで

本尊（不空羂索観音）の姿の釣合は、それだけを取つて見れば、恐らく美しいとは云へな

いであらう。腕肩胴などはしつかり出来てゐると思ふが、腰から下の具合がおもしろくない。

などと、その本誓よりも形態から来る印象だけで、聖林寺十一面観音の方が、この像より上等だと主張する。

しかしこの観音は不空羂索神変真言経（菩提流支訳）や不空羂索儀軌経（不空訳）によって、鹿皮衣観音と名づけられるように、鹿の皮を着ていることが、山岳修行者の鹿皮衣にふさわしい。こうした理由で金鷲優婆塞の後身たる良弁僧正によって造立されたものとおもわれる。鹿の皮は空也や革聖行円（革堂行願寺開基）も着たし、『梁塵秘抄』に

聖の好むもの、木の節、鹿角杖、鹿の皮、蓑笠、錫杖、木欒子、火打笥、岩屋の苔の衣

とあるように山伏必須の道具である。現在の山伏も曳敷として尻当てにつけている。またこの観音は三面二臂の場合は、正面は慈悲、左面は大瞋で口を張り、右面は微瞋を口に含むとされて、愛と怒りの仏なのである。三面四臂、三面六臂の場合もおなじく正面慈悲、左右面忿怒で各面三目であるから、東大寺三月堂のように一面八臂の不空羂索観音は、慈悲と忿怒を止揚した威厳ある面相たらざるをえないのである。

しかもこの不空羂索神変真言経第二十八「灌頂真言成就品」には、密教できわめて重要視

する光明真言がとかれている。そしてこの真言を聞くものは一切の罪障を消滅する功徳があるので、滅罪行を根本義とする山岳宗教において重要視されるようになった。また日本の庶民仏教では死後の滅罪を、念仏なり法華経なり真言なりに期待するから、この真言は各宗にわたってもちいられたのであるが、これが不空羂索観音の本誓から出ていることは興味ふかい。

以上のように、観音信仰はいろいろの形で日本に伝来した。これを最初たんなる愛と慈悲の仏として受容したのは貴族階級であって、庶民はむしろ力の仏として、観音の呪力をもとめたのである。そのために、ほかに馬頭観音や楊柳観音（奈良大安寺）のように、おそろしい観音が信仰された。われわれはこれら多種多様な観音信仰から、庶民が仏に何をもとめたか、庶民の宗教とは何かということを学ばなければならないとおもう。

# II　山の信仰

# 日本の山と修験道

## 一　国立公園と修験道

日本はいうまでもなく山国である。したがっていたるところに、名山や霊山が点在している。そのようなところは、たいてい国立公園か国定公園になっているが、そのなかにかつての修験道のさかえた山を包含しないところはないといってよい。ことに吉野熊野国立公園などは、吉野と熊野という日本修験道の二大中心をふくみ、この二ヵ所をむすぶ大峯山などは、歩きさえすれば中部山岳国立公園におとらぬ、山の景観をたのしむことができる。この大峯山は吉野の奥の金峯山（金峯神社のあるところ）から、熊野本宮にいたる一八〇キロの山系で、これを踏破することは山伏の誇りとされていた。数年前から大部分の女人禁制もとかれたので、過密の山をのがれてほんとうの山をたのしむには恰好のところである。

いうまでもなく中部山岳国立公園には、日本九峯の一つ立山があり、富士・白山とともに三名山をほこり、立山修験道がさかえた。また乗鞍嶽や木曾御嶽も修験道の山であった。上信越高原国立公園にも多くの修験の山がある。戸隠山はその代表的なもので、山伏の宿坊がそのまま旅館となっているのですぐわかる。妙高山も山伏の管理する山であったが、これらは明治維新で神道にかわって、修験道を失った。しかし八海山を中心とする越後の魚沼三山はいまも修験がのこっている。日光国立公園が、男体山を中心に八峯の峯禅頂を行とする、日光修験の山であることはあんがい忘れられている。江戸時代からあまり観光化したためだが、強飯式や延年舞に山伏姿の役者が出るので、わずかにそうだったかと思いだす程度である。

磐梯朝日国立公園では、出羽三山が大峯修験につぐ強大な羽黒修験の本拠であった。明治維新の修験道禁止から、比較的はやく立ち直ったので、もっとも貴重な修験道信仰と行事をのこしている。いまの修験道研究は羽黒山をはじめ、月山・湯殿山をのぞいてはほとんど考えられない。羽黒山の出羽神社も修験道を神道化しながらこれを保存しようとしている。鳥海国定公園も三つの登山口に、かつての修験の社寺と芸能をのこしており、蔵王国定公園も蔵王修験の本拠であった。

富士箱根伊豆国立公園は、日本九峯の随一、富士山と箱根山・伊豆山に強力な修験がおった。いずれも中世にさかえ、近世には神道が有力であったが、富士の末代上人や箱根の万巻上人などは、修験道の偶像的存在であった。これに接した丹沢大山国定公園の相模大山修験は、丹沢山や足柄山を行場とする有力修験で、関東一円に信者をもったことは有名である。

白山国立公園は白山主峯をめぐって、加賀馬場（鶴来の白山中宮寺）と越前馬場（勝山の平泉寺）、および美濃馬場（白鳥の長瀧寺）の三馬場（登山口）に三大修験集団をもっていた。このほか飛驒側にも大白水谷の登山道があり、四ヵ国にまたがる広大な信仰圏に君臨していた。そのためしばしば政治的抗争にまきこまれて衰えた修験道である。

近畿地方では琵琶湖国定公園に比良修験の比良山があり、その北に伊吹修験の本拠、伊吹山があることはよく知られている。この二山は比叡山、愛宕山などとともに山岳信仰の山としてはやくひらけた。また金剛生駒紀泉国定公園も、金剛山が葛城修験道の本拠であって、頂上に葛城神社があり、もとは別当金剛輪寺があったのである。大峯修験に対抗する力をもち、大峯の金峯山とのあいだに、役行者が岩橋をかけようとした話はすでに奈良時代からかたられている。

山陰の大山隠岐国立公園は、伯耆大山が中国地方に勢力をふるった修験の山であった。現在でこそ誰でも登る山であるが、明治維新前までは特定の修行(如法経修行)をする山伏のほかは、登山を禁じた禁断の山である。しかしここも山内の三院が内部抗争をくりかえし、石鎚山修験や児島五流山伏のために、山陽方面の信仰圏をうしない、地方的修験として命脈をたもった。

四国の石鎚国定公園には名山石鎚山をまもる修験が、山麓と中腹成就社におった。西日本最高峯をほこるこの大巌峯には、三段に大鉄鎖がさがっていて、これをよじのぼるロッククライミングが有名である。鎖禅定といい、いまも日をかぎって女人禁制がのこされている。

北九州の耶馬日田英彦山国定公園には、大峯、羽黒、石鎚とともに近世の四大修験本山の一だった彦山がふくまれる。江戸時代に彦山神社を英彦山と改めたので、地名も英彦山と書いて「ひこさん」と読む。北岳・中岳・南岳の三峯から成り、四十八の洞窟が信仰の対象となった。太宰府の宝満山（竈門山）や福智山の修験と、たがいに入峯し合って修行した。これにつづく阿蘇国立公園も阿蘇修験の本拠であった。また雲仙天草国立公園の雲仙岳にも修験がおり、背振山には一時彦山修験に対抗した大修験集団があった。

以上のように見ると、日本では名山があればかならず修験道が成立し、その修験道のゆえに神社仏閣が建立され、自然の美観と人工の美観が調和して、日本独自の景観がうまれたのである。しかもこれをささえたのは日本固有の民族宗教であり、庶民信仰であった。

## 二　山と霊魂

日本はいたるところから山がのぞまれる。関東平野のまんなかに立っても、筑波山か日光連山はかならず見えるのである。したがって山が霊威あるものとして、信仰の対象になることは当然のことといえよう。

しかしこの場合、山が崇高だからという宗教感情によって信仰がおこるのではない。日本人は山を死者の霊魂の行くところ、すなわちあの世（他界）として信仰したということは、修験道の研究がすすむにつれてあきらかになって来たことである。修験道の山には、どこへ行っても賽の河原の積石がある。それはこの世（娑婆）とあの世（他界）との境目に積むものである。のちには死者への手向けとして積むようになったり、なにか願い事のためにも積むというように変化したが、本来は山が霊魂の世界であったことを証拠だてるのが、賽の河原である。

そのほかに山に納骨するのも、山が他界信仰から霊場化したことをものがたるものといえよう。それも高野山のような寺院ならばいざしらず、羽黒山では出羽神社の横の霊祭殿（れいさいでん）で霊祭供養を受け付け、月山山頂にも祖霊社（それいしゃ）があり、湯殿山の霊祭供養所とともに塔婆供養や岩供養をする。岩供養というのは位牌（いはい）型の紙に死者の戒名や、先祖代々之霊位を書き、それを湯殿山神域の岩にはりつけ、したたりおちる聖水でぬらし清めることである。このようにして霊魂を神域の岩にしみこませ、鎮まらせるというものである。これがやがて岩に戒名を彫り込んで、岩塔婆とすることがおこなわれた。山形の山寺立石寺は全山に岩塔婆が彫られ、これで霊魂を岩にしみこませて鎮めたのであるが、芭蕉はここで、

閑（しず）かさや　岩にしみいる　蟬（せみ）の声

の句をのこした。

下北半島（青森県）の恐山（おそれざん）も霊のあつまる山として知られている。下北地方では死者の霊はこの山にのぼるものと信じられて、縁日にはイタコが集まって来て死者の口寄せをする。また塔婆や後生車（ごしょうぐるま）を立てたり、積石をしたりして死者の供養をし、産死者のためには血の池に血盆経（けつぼんきょう）を沈める。鳥海山は中腹の霊峯に納骨をしたというが、神道化した現在はまったく

見ることができない。

このような風習や信仰は奥羽地方だけのようにおもわれるが、常陸では高鈴山、神峯山（日立市）山麓の大岩修験が「ほとけたて」という死者供養をして来た。この山は奈良時代の『常陸風土記』にいう「迦毘礼の山」で、古い信仰の歴史をもっている。修験道がなくなった現在では、大岩神社の神官によって依然として「ほとけたて」がおこなわれるが、その塔婆（ほとけ木）に神代文字を梵字の代わりに書いたのはおもしろい。

木曾の御嶽山の有名な霊神碑も修験の山を山岳他界とし、死後の霊があつまる信仰が神道化したものである。黒沢口登山路と王滝口登山路とあわせて十数万基あるといわれるが、黒沢口の御嶽神社里宮では、毎年十月に盛大な祖霊祭をもよおし、修験道行事をかねて霊神碑の供養をする。数年前、私もこの祖霊祭に行って見て、その信仰の根強さにおどろいた。神社では納骨堂もつくりたいといっていたが、その後実現したかどうかわからない。

東海地方では仏法僧鳥で有名な鳳来寺山が、利修仙人によってひらかれた修験の山で、しかも広大な納骨遺跡をもっている。高さ数十メートルの鏡岩の下、源頼朝寄進の阿弥陀堂跡（現在は鐘楼）の周辺に、昭和四十一年三月、一大納骨遺跡が発掘され、多数の骨壺と鏡が出土した。修験道は現世利益の祈禱をするもので、死人には関係がないという常識があやまりだったことは、このような事例をみればはっきりする。

高野山も山岳信仰から出発するのであって、弘法大師はここで密教を山岳修行によって体得し、即身成仏を実現したのである。したがってここには山伏に相当する行人という階層があり、奥之院廟と墓地を管理していた。そして、ここに全国から納骨がおこなわれたのであるが、これを集めてまわったのが高野聖であった。したがって、高野山行人は山伏として、高野山の山の神である丹生津比売の神や弘法大師廟をまつるとともに、死者の納骨を受け付けたのである。これはちょうど、羽黒山・月山・湯殿山の神官が、それぞれの山神に奉仕すると同時に、霊祭供養を受け付けるのとまったくおなじである。このようにして修験の山であった高野山は日本総菩提所となり、もっぱら納骨霊場として栄えることになった。

## 三　山の地獄

山と他界信仰をものがたるもう一つの徴証は、修験道の山に地獄谷が多いことであろう。富士山などもそのもっとも古い形では、人穴とよばれる洞穴信仰で、この中には骸骨人骨があったという記録もある。また『吾妻鏡』（建仁三年六月四日）には仁田四郎忠常が、富士の人穴にどんどん入って行ったら、奥に地獄があってその主の浅間大菩薩が居ったという話を、まことしやかにのせている。これは地獄谷ではないが、山の洞窟は地獄に通じているという信仰のあらわれといわなければならない。

地獄谷をもって全国にきこえた修験の山は立山である。いまでも立山へのぼる人で室堂から「みくりが池」を見て、地獄谷へおりない人はまずないであろう。しかし、この地獄谷のために立山修験道が発生したことを知る人はすくない。しかも平安時代中期にはこの立山地

獄は都にも知られていて、『本朝法華験記』に

　日本国中の罪を造るもの、多く立山地獄に堕在す

としるされるほど、全国的にひろまっていた。もちろん『今昔物語』にも三つの説話に立山地獄がかたられ、八大地獄をはじめ百三十六の地獄があって、罪の軽重に応じてその責苦も異なるという。また面白いことに、ここの地獄は職業別に犯す不正によって、それぞれの堕ちる地獄がちがうということで、百姓地獄・紺屋地獄・鍛冶屋地獄・鋳物師地獄・団子屋地獄などとよばれる地獄がある。地獄谷を案内する山伏が教訓的にかたり出したことであろうが、今日であればどんな地獄の名が付けられたであろうか。もちろん立山は山伏（のちの立山中語）を先達に立てなければのぼれない山だったので、地獄ガイドと地獄供養は山伏が兼ねていたのである。そして剱岳もこの地獄の一部として「剣の山」といわれていた。

　立山の山伏は、この地獄で生計を立てていたといってよい。というのは地獄供養ばかりでなく、この地獄に堕ちてもすくわれるための、死者の経帷衣も売りあるいたからである。この経帷衣は麻でつくられ、全面に光明真言や随求陀羅尼の梵字を刷ってあり、死者の生前の罪をほろぼして、地獄からすくいだす力をもつと信じられた。立山山伏はこれとともに「立山曼荼羅」というものを持って、越中加賀能登はもとより、信濃・尾張・三河・遠江あたりまで出かけて行った。そして立山地獄のおそろしさを絵解きし、ここからまぬかれるに

はこの経帷衣を買っておいて、死んだら着せてもらって葬られれば、やがて極楽往生できると説教した。このときの土産に立山で採取された薬草の製薬ももって行ったというから、紙芝居と富山売薬の先駆をなしたのである。

また、立山は明治維新まで女人禁制だったので、女人のための「布橋大灌頂」という儀式をおこなって、立山地獄へおまいりしたとおなじ功徳をうけさせた。このときは例の経帷衣を着て、額に三角紙をつけて死人とおなじ服装をする。そして芦峅寺の閻魔堂から姥堂へと行列して行く。この二つの堂のあいだには三途川があり、これにかけられた橋を布橋という。白晒布三百六十反を二つの堂のあいだの道にも橋にも三列にしいてあったので、とくに橋を布橋とよぶのである。説明するまでもなく芦峅寺閻魔堂は現世（娑婆）にあたり、布橋をわたった立山側の姥堂は来世（地獄）なのである。したがってこの儀式に参加する女人は、一旦死んで地獄へ行き、ここですべての罪をほろぼして、清らかな人間に生まれ代わってふたたび娑婆へかえってくる、ということになる。しかも姥堂で「お十念」という念仏を受けてくるので、やがて死んでも決して地獄へ堕ちず、かならず往生できる保証がえられる。もちろん布橋大灌頂に着た経帷衣を着せてもらって、葬られるのである。

このような儀式を「逆修」というが、山は仏教の入る以前から、日本人にとって逆修の場だったわけである。山は死者の霊魂のあつまる世界であるから、山へ登って帰ってくることは、生まれ代わり――「生まれ清まり」ともいう――をすることになる。私はこれを「擬死再生」と名づけているが、その結果は身心ともに健康になり、幸運にめぐまれ、死んでも極楽へゆけると信じられたのである。現在のスポーツとしての登山も身心の健康がえられるけれども、庶民信仰としては現世と来世にわたる幸福が約束された。

## 四　山と山伏

日本人の山にかける庶民信仰は、霊魂の世界としてばかりでなく、呪術(じゅじゅつ)(超能力)や予言託宣(たくせん)(シャマニズム)の源泉としての信仰がある。これらの信仰を管理するのが山伏で、山伏は司霊者であるとともに呪術者であり、また巫術者として庶民にはたらきかける。

しかし、このような山伏の能力は、山を道場とする命がけの修行を通して獲得することができるものである。したがってプロの山伏になるためには、自分の所属する山に三十三度とか五十度という具合にのぼらなければならない。また、他の山での修行もせねばならず、その基準になる九峰というものがあって、これを経廻(へめぐ)る日本九峰修行があった。九峰というのは大峯・羽黒・白山・立山・富士・日光・伯耆大山(ほうきだいせん)・石鎚・彦山が標準的であるが、これに箕面滝(みのおたき)をかぞえることもある。そのなかでも吉野から熊野にいたる、一八〇キロの大峯山系の二十座ほどのピークを踏破する修行が、山伏最大の修行とされていた。この修行路は修験道の開祖、役(えん)の行者(ぎょうじゃ)の開創、理源(りげん)大師聖宝(しょうぼう)(醍醐寺の開祖)の中興と信じられていたからである。

大峯修行には春夏秋冬の四季の入峯(にゅうぶ)があった。このうち「春の峯」あるいは「順(じゅん)の峯」とよばれる入峯は、二月に熊野から入って北上し、百日かけて吉野へ出た。西行法師などはこのコースをとり、有名な山伏はみなこの修行をしたが、南北朝時代に絶えた。「夏の峯入」、あるいは花供入峯とよばれるのは、原則として四月十五日から七月十五日まで九十日のあいだ、毎日、吉野から大峯山上ケ岳までの拝所拝所に花を供えてまわる苦行であった。いまはまれにこの行をする専門の山伏があるが、たいてい七月七日と八日の「花供入峯」すなわち「蛙飛び行事」（蓮花会）で済ませている。

「秋の峯」あるいは「逆の峯」とよばれる吉野から熊野へ七十五日で南下する入峯が、現在もっぱらおこなわれる。戦後はこの修行路も南の半分が通行不能になったので、途中の大日岳から下北山村の前鬼の里に下りて、乗物で熊野へ行くのが普通である。私などもこの入峯を山伏にまじって体験したが、四泊五日を要する難行苦行であった。しかし、この修行路は雄大な眺望、幽邃な密林、鉄鎖をよじ登る巌峰など、変化のあるコースで十分に山の醍醐味をあじわうことができる。しかもいたるところに信仰と伝説の拝所があって、山伏は鄭重な礼拝と勤行をささげながら通過する。しかし、途中には無謀なワンダーフォーゲルの遭難碑もすくなくない。

「冬の峯」は十一月から山上ケ岳の小篠宿か大普賢岳の笙の窟に冬籠りして、三月に出峯する大苦行である。平安時代にはしばしばおこなわれて、勅撰歌集によくこれをしたときの歌がのっている。江戸時代には彫刻僧円空もこれをおこなったが、ちかごろこの行をする山伏は一人もいない。

山上ケ岳には有名な行場が数多くあって、入峯者を満足させてくれる。この行場のなかの「西の覗き」というのは、一〇〇メートルほどの断崖絶壁の上から、初心の修行者の体を逆さ吊りに突き出して、谷底をのぞかせる行場である。これは谷底に浄土があるという信仰から出たもので、逆さ吊りの姿勢のまま、谷底にむかって合掌する。いまはこのとき、先達山伏が「親の言うことをよくきくか？」とか「勉強するか？」あるいは既婚者ならば「夫婦仲よくするか？」などの戒めを問いかけて、「はい、します」と誓わせることになっている。しかしこの行場の秘歌は

西の覗き（奈良県天川村提供）

ありがたや　西の覗きに　懺悔して
弥陀の浄土に　入るぞうれしき

というのだから、谷底の浄土に入ることを目的とした苦行である。これは修験道の実践の極致をしめす「捨身の行」であることは、のちにのべる。

そのほかこの行場には鐘掛け岩、お亀石、胎内潜り、蟻の戸渡り、飛石などの行場があるが、最後は平等岩である。この平等岩は断崖絶壁の上に突き出た石

の瘤で、この石に抱きついて一巡りする行である。もちろん足の下は目のまわるような深い谷で、一歩踏みはずせば、そのまま谷底へ落下してゆく。しかし、この平等岩はもと行道岩といったので、昔の山伏はこの岩を一日中ぐるぐるとまわる行をしたことがわかる。行道というのはお堂や須弥壇や本尊などを、ぐるぐる巡ることを意味する。おそらく不動明王の真言陀羅尼をとなえながら、無念無想になって、恐ろしさを超越して巡ったのであろう。というのはこの行場の秘歌が、

平等岩　めぐりて見れば　阿古谷の
捨つる命は　不動くりから

というからである。下の深い谷は阿古谷で、はるか下の方の滝にまつられた不動明王を拝するのだ、と先達はおしえる。

しかし、この秘歌の「捨つる命」が重大である。元来、秘歌というのは、山伏が入峯中に初心者（新客という）にたいして、修行の極意をおしえるためにとなえたもので、山を出たら、たとえ親子・兄弟・夫婦のあいだでも絶対に口外しないものである。いわゆる秘伝の歌である。それがこうして活字にすることができるのは、現在の修験道が生命を失ったためともいうことができよう。したがって、この秘歌のもつ「捨身」という修験道の秘密が、現在の山伏から忘れられてしまったのである。

## 五　修験道と捨身行

全国山伏の頂点であった大峯修行の中心だった山上ケ岳行場に、「覗き」と平等岩という捨身行のあったことは、日本人の死生観の上からも無視するわけにゆかない。これはたんに修辞上の誇張とだけで、片付けられない問題をはらんでいる。能狂言の「犬山伏」や「蟹山伏」あるいは「腰祈」の極まり文句は、

　某は難行苦行、捨身の行をする身なれば、唯今、目の前の飛ぶ鳥をも祈り落すほど、行力が達しゐるによつて

ということで、山伏の飛ぶ鳥も祈り落とすほどの行力、すなわち超能力は、捨身の行を究極とする難行苦行の結果として、身につけることができるものであった。この行力（超能力）が験力とよばれるもので、験力を身につけることが修験道の目的である。もちろんこの験力は霊の住む山を舞台（道場）として、難行苦行することによって獲得される。

　山伏は春夏秋冬の入峯修行のあとで、かならず「験競べ」という試験をうけなければならない。蛙や兎を祈り殺したり、祈り生かしたりすることもその一つである。京都栂尾高山寺の『鳥獣戯画巻』には、蛙の縫いぐるみを着た人間に、山伏と密教僧が気合いをかけて、験

競べをする図がある。平安時代末期には、もはや人間が扮するようになった点で、ほんとうの験力は弱まったといわなければならないだろう。しかし、この験競べに負ければ、その山を追い出されたという伝承はどこでもきかれる。現在、験競べの形をつたえるものに、吉野山の「蛙飛び行事」と羽黒山の「松聖行事」（神道になって松例祭という）と、鞍馬山の「竹伐り行事」がある。

さて験力をつけるための難行苦行には山野を跋渉する抖擻行を第一とし、断食行や木食行、不眠不動行などがある。また滝行や水行もあり、千日行（回峯あるいは花供）をするものもある。残酷物語のようであるが、体の皮膚の一部を剝いだり、腕の上で香を焚くものもあった。『続日本紀』の養老元年（七一七）の詔には、行基の弟子のなかに、「指臂を焚き剝ぐ」もののあることを記している。

ところが『大宝律令』の「僧尼令」には

焚身捨身を禁ず

という一項があることが注意される。焚身は焼身自殺であって、山伏用語では火定という。したがって身体の一部を焼いたり、剝いだりする苦行は、この焚身を極致とする苦行の一部であることがわかる。そのもっとも古い文献上の実例は熊野那智の妙法山でおこなわれた、応照上人の火定である。熊野の修験道はこの妙法山からはじまったものとかんがえられるが、那智の大滝と那智大社（熊野夫須美神社）が有名になったので、妙法山はいささかわすれられがちである。ここにのぼれば黒潮あらう熊野灘が一望のもとにあるし、幽邃な樒山が背後にそびえている。この阿弥陀寺の境内の老杉のあいだに、苔むした応照上人火定炉址がのこっている。それは日本の山岳信仰の、もっともきびしい死生観の記念碑として、鬼気せまるものがある。

この焚身にたいして、捨身は崖から投身自殺することである。法隆寺の玉虫厨子台座には、摩訶薩埵王子の捨身飼虎図があるが、大峯山山上ケ岳の「覗き」の行や「平等岩」の行は、日本固有の滅罪方法として、共同体全体のために犠牲となって、捨身する行があったことをおもわすものである。このような自己犠牲は、共同体全体の災害（凶作や疫病）の原因となる罪と穢れを一身に背負って、自己の生命をもってつぐなうことにほかならない。古代の日本にもキリストの十字架とおなじ贖罪の論理があったのである。

人身供犠や人柱は強制的な贖罪であるが、山伏の捨身は崇高な宗教的実践としての、自発的な贖罪であった。したがって捨身すれば成仏して弥陀の浄土に入れるとの信仰があって、「西の覗き」の秘歌が「弥陀の浄土に　入るぞうれしき」となったものであろう。

また平等岩の捨身については、鎌倉時代の『古今著聞集』に、平等岩の下の谷を「捨身谿」といったことが出ている。この記事は醍醐天皇の皇子、重明親王の日記である『吏部王記』の引用なので、重明親王の薨去した天暦八年（九五四）以前のことであることはたしかなのである。したがって平等岩の秘歌、「捨つる命は　不動くりから」は十世紀以前の伝承を正しく伝えていることがわかる。

また、奈良時代にも捨身がおこなわれたことは、『日本霊異記』（下巻）に、熊野の永興禅師（南菩薩）の同行の法花持経者が、麻縄で足をしばり、巌から身を投げて、宙吊りで死んだという話にあらわれている。おそらく熊野から吉野にかけての大峯修験独特の修行方法が、この捨身行だったのではないかとおもわれるが、全国各地の山にこれが及んで「覗き」の行場と、平等岩がしばしば見られるのである。

## 六　修験道の十界修行

修験道には抖擻行とともに、参籠行がある。参籠堂または峯中堂、あるいは吹越堂にこもって修行するもので、即身成仏を体験させたり、それを儀式化した正灌頂を修したりする。この修行は十界にわかれているので、十界修行という名で知られている。

十界修行はもと大峯修験の修行方式だったと推定されるが、記録的には九州の彦山のものがくわしく、実践的には羽黒山に現在ものこっている。彦山とたがいに入峯関係にあった太宰府の宝満山（竈門山）にも伝承があるが、ここでは羽黒山の場合を中心に見てみたい。

十界といっても地獄・餓鬼・畜生・修羅・人間・天道の六道は苦の世界であり、声聞・縁覚・菩薩・仏の四界は悟りの世界である。したがって六道の修行には苦行が課せられ、地獄道には「業秤」がある。これは修行者を「貝の緒」という法螺貝についた綱で天秤棒の端にしばって天井から吊り下げ、棒の反対側に石をしばる。修行者の罪が重ければ天秤棒がかたむくので、罪の贖いをしなければならない。そのため羽黒山では「なんばんいぶし」といって、唐辛子を火鉢にくすべて、その煙を吸わせる。これで罪業を体から追い出してしまおうというのであるが、修行者は七転八倒の苦しみをあじわう。

　餓鬼道の苦しみは飢えであるから、断食が課せられる。もと五日間、いまは三日間である。畜生道の苦しみは重い荷を背負って山にのぼることであったが、現在の羽黒では「水断ち」すなわち水を使わないことだとされている。畜生は顔も洗わず、歯もみがかず、風呂へも入らないからだという。しかし、『古今著聞集』にしるす西行法師の大峯修行の記事では、

> 木をこり水を汲み、あるいは勘発のことばを聞き、或は杖木をかうぶる。是れ則ち地獄の苦をつぐのふ也

と書かれている。また、

> おもき荷をかけて、さがしきみねをこえ、深き谷をわくるは、畜生のむくひをはたす也

ともある。このように地獄・餓鬼・畜生の三悪道の苦しみは、死後の罪のつぐないであるが、十界修行はこれを生前にはたしておこうとするものであった。山に登ることも十界修行

も、生きているうちに死後の苦痛をはたしておけば、死後は安楽であるというのが、庶民の論理であり信仰であった。

　三悪道に次ぐ修羅道の行は、いまは相撲をとることになっている。人間道の行は懺悔であり、天人道の行は「延年」といって酒盛りに謡をうたい舞をまうことである。懺悔は一般に口先で、「悪うございました」とあやまることとおもわれがちであるが、修験道では口先よりも肉体的苦痛を要求する。したがって五体投地と額突きという礼拝を、へとへとになるまでつづけさせる。五体投地というのは全身を地面に投げだすようにひざまずき、立ち上がってはおなじようにひざまずくことをくりかえすことである。額突きは一礼拝ごとに地面に額をコツンと打ちつけることで、この礼拝をくりかえしていると心気朦朧となってくる。このようにして人間の罪を懺悔し滅罪すれば、仏の悟りにちかづき、やがて即身成仏できるというのが、修験道の教理である。

　このようにして声聞道の小木行、縁覚道の閼伽行をへて、菩薩道の床堅行（不眠不動行）をすませば、最後の仏道で即身成仏する。即身成仏は修験道のすべての苦行の目的であって、双六でいえば「あがり」に相当するが、いまはこの即身成仏によって身につけた仏の超能力で、衆生の苦しみをすくう宗教的はたらきの、呪力と験力がわすれられている。そしていたずらに儀式化して、即身成仏の印可証明をあたえる正灌頂だけが目的になったのが現状である。

　正灌頂の儀式は道場をしつらえ、その上座に大先達（阿闍梨）が坐し、部屋の中央に天井から下げられた天蓋の下に修行者がすわる。そして修行者が捻香三拝して大先達を礼拝してから、大日如来の印と真言をさずけられる。この真言を刷った切紙（印信）が卒業証書にあたり、即身成仏したことが証明される。この儀式は幾多の苦行のあとで印象ぶかく、また荘厳なものであるが、本来日本には、人間でも苦行によって罪と穢れをほろぼせば、神になれるという「人神信仰」があった。この人神（現人神ともいう）が超能力をもって、奇跡をおこない予言をする験力を発揮したのである。修験道はこの日本固有の人神信仰を仏教化して、即身成仏としたまでである。以上の山の宗教と修験道の内容は、最近の山岳宗教研究によって、あきらかになって来たものである。これによって日本人と山のかかわり合い、またそれを通しての日本人の——とくに庶民の——精神構造があきらかにされるようになった。

# 霊山と仏教

## 一　神仏分離と霊山

明治維新以後、霊山といわれる山に仏教寺院の栄えているところは、ほんとうにまれになった。

高野山、比叡山はそのまれな例の二大双璧であるが、吉野から熊野までの大峯山も、わずかに金峯山寺と聖護院、醍醐三宝院の修行場としてだけのこり、修験道の過去の痕跡をとどめるにすぎない。

東北地方にはあまり目だたない霊山として山寺に立石寺があり、恐山に円通寺地蔵堂がのこったが、過去の霊山というものの姿はどこへ行っても、あのようなものだったとおもえばよい。出羽の羽黒山、月山、湯殿山も、仏教の栄えた霊山として東北地方に雄飛した。江戸時代はじめまで真言宗であったが、天宥別当のとき羽黒山寂光寺は天台宗となり、湯殿山の大日坊（大網口）や注連寺（注連掛口）は真言宗としてのこった。月山はその双方からのぼる信仰の中心として、阿弥陀如来がまつられていた。神仏分離のときは、月山の御本殿（本堂）の前にあった十三仏の鉄仏だけが山から下ろされて、庄内平野の海岸にちかい曹洞宗の名刹善宝寺（山形県鶴岡市）にうつされた。そして現にこの寺の一部にひそかにまつられているが、阿弥陀如来そのものは、月山頂上の神社の本殿内にそのままらしいといわれている。神仏分離のため派遣された役人も、月山山頂は敬遠したのかもしれない。

月山の四方の麓には、ほかに本道寺口に本道寺が、大井沢口に大蔵坊が、岩根沢口に日月寺が、肘折口に阿吽院があって、羽黒口、大網口、注連掛口とともに七口全部を仏教が占めていた。羽黒山は一時潰滅して出羽神社になったけれども、幸い湯殿山の大日坊と注連寺はそのままのこった。その羽黒山も明治二十年ごろに荒沢寺を中心に羽黒山修験本宗が復興し、山麓手向の黄金堂を中心に正善院ほか数ヵ寺が羽黒修験の火をまもっている。

この神仏分離の嵐は日本の霊山の姿を大きく変えた。霊山をかたる場合、この歴史の悲劇をさけて通ることはできないだろう。江戸時代の仏教は霊山を占める山岳寺院、修験道寺院と、平地の不動尊や地蔵尊や観世音や弘法大師をまつる庶民信仰の寺院をのぞけば、すべて葬式と宗門改めをする村落都市寺院であった。明治政府も葬式と庶民信仰には、文字どおり手のつけようがなかったが、山岳寺院の場合は昔から神と仏が同居していたので、神仏分離の標的はこれに集中したかの観がある。

比叡山や高野山の場合、それぞれの山麓の日吉山王社や天野明神社がはげしい廃仏毀釈に会った。とくに日吉山王社の破仏は有名である。しかしその結果、比叡山頂まで日吉山王社の社地となったり、高野山上まで天野明神の社地にならなかったのは幸いであった。これが羽黒山や月山は山頂までが全部神社有になり、仏寺建築がそのまま神社に名を変えた。この間、近江高島町（現・滋賀県高島市）の白髭神社へ詣でたら、ここはもと比良明神といわれて、比良修験の本拠の一つであり、入峯口の一つであったが、神社の御本殿は室町中期の護摩堂であった。しかしこの重要文化財の建物が、破壊されずにのこったのはまだ幸いであった。また九州修験道の重鎮、彦山（神道では英彦山と書いてヒコサンとよむ）の奉幣殿が、やはり室町時代建築の霊仙寺大講堂であった。ここは全山の総称を高野山の金剛峯寺のように、彦山霊仙寺といったが、全山の衆徒の集合の場所として大講堂が建てられたのである。

霊山に大講堂があるのも一つの特色である。これは学問の講説論義の講堂ではなくて、山神社の拝殿であり僧侶、山伏の集会所であった。修験道では僧侶や山伏の大集会がすべての中心をなすためで、平地寺院の金堂・講堂の関係とはちがうのである。山岳寺院では全山いたるところ、谷々峰々に院や坊が建つが、それらは小さなもので、千坊とか三千坊などとよばれて散在する。したがって三千の大衆が一堂に会して集議をし、法会をおこない、論義（竪精）をかわすためにも大きな講堂が必要である。比叡山の大講堂もここが山岳寺院時代の中心であったし、吉野金峯山寺蔵王堂や羽黒山本殿など、日本有数の木造建築はみな元は修験道の大講堂であった。高野山の大会堂は小さくなったが、その後をうけた現在の金剛峯寺（旧青巌寺）そのものが大講堂の機能をはたしている。立山芦峅寺の講堂はそれほど大きくはなかったが、白山の越前馬場（登山口）の平泉寺（勝山市）の講堂址の苔庭を見ると、その規模がいかに大きかったかがわかる。白山美濃馬場の長瀧寺（岐阜県郡上市）の大講堂は、神仏分離で長瀧白山神社の拝殿になって、のち改造されたが、規模の大きさは天井の高さで想像できる。

## 二　山神と本地仏

霊山が仏教化するのは、日本民族が仏教伝来以前からもっていた庶民信仰が仏教化したということで、もともと山には山岳信仰という庶民信仰があったのである。

庶民信仰を私は民間信仰と民間宗教に分け、民間信仰を呪術・巫術・占術の三部とする。また、民間宗教は民間仏教と民間神道と修験道・陰陽道から成るものとかんがえている。そして山岳宗教はこのすべてにわたる庶民信仰なので、日本人の宗教の原点をさぐるにはこれほど便利なものはない。ちかごろ宗教史と文化史の分野から、山岳宗教と修験道の研究が急に高まり出したのは、その原点の探究と、その発展過程において、仏教や陰陽道ばかりでなく、日本の美術や芸能や文学ときわめて密接なかかわりがあることがわかって来たからである。

とくに山岳宗教が仏教の庶民化にはたした役割は、かぎりなく大きい。その一つの例が比叡山・高野山をはじめ、全国地方地方に分布する霊場寺院である。これらの寺院にはそれぞれ仏教の諸尊が本尊としてまつられているけれども、それはその霊山の山神の本地仏としてまつられたのである。日本人にとって山には山の神霊がおり、海には海の神霊がおる。これが仏教を受容する庶民信仰の台木であって、この台木に仏教諸尊が接木されても、台木の本質はどこまでも相続されてゆくようなものである。したがって山の神霊に対して呪術がおこなわれていたり、口寄せの巫術がおこなわれていたり、死者供養の鎮魂呪術がおこなわれていたとすれば、それが薬師如来になっても、阿弥陀如来になっても、不動尊、地蔵尊になっても、神霊の本質は失われなかったし、仏教に変容した形で相続されたのである。

霊山とはそのような神霊のおる聖なる山ということである。六根清浄のお山精進や熊野精進、あるいは御嶽精進（大峯山）がおこなわれるのも、あるいは女人禁制したのも、この山の神霊が要求するからであって、阿弥陀如来や薬師如来や地蔵菩薩が要求するのではない。そのような諸尊は浄不浄をきらわず、女人も差別せずに参詣させたいのであるが、接木の台木の方がそれを許さなかったのである。

従来、日本仏教を見るのに、われわれはこの台木の方を、無視するか軽視することはなかったであろうか。これがなかったら、インドからもって来た薬師如来や観世音菩薩の挿芽を、異質土壌に挿さなければならなかったので、活着する可能性はきわめてまれであったであろう。活着しなかった例は、大陸伝来の伽藍配置をほこった古代都市寺院の官大寺や豪族の氏寺であったが、それらは焼けたまま立ち枯れたか、庶民信仰に変質するか、観光寺院化するほかはなかったのを見ればよくわかる。官大寺の筆頭をほこった元興寺（もとの飛鳥寺すなわち法興寺）は七堂伽藍はほろびて、僧房の一角（南階東室僧房の東半分）が、智光曼茶羅に対する庶民信仰のおかげで、極楽坊としてのこった。官大寺第二位の大安寺（旧大官大寺）も伽藍はほろびて、いたずらに遺跡発掘の対象になるだけで、寺名を庶民信仰の弘法大師堂にのこしたにすぎない。

すこし他の例が多すぎたが、日本仏教にとって台木がいかに大切であったか、という大前提の上で、霊山と仏教をかんがえて見たい。そうすると、この山の神霊は民間神道では山の神または山神とよばれる神格である。しかし山神は、『日本書紀』の「崇神天皇紀」にかたられる、大和三輪山の山神、「大物主神の荒魂」に象徴されるように、きわめて祟り易く、気に召さなければ大きな災害をもたらす神霊である。

> 五年、国の内に疾疫多く、民死亡者有り、且大半矣
> 六年、百姓流離へぬ。或は背叛くもの有り。
> 七年、（中略）是の時に倭迹々日百襲姫命に神明憑して曰く、（中略）我は是れ倭国の域内に居る神、名を大物主神といふ。

とあって、「ものぬし」の「もの」というのは「ものの気」の「もの」で、霊あるいは怨霊、死霊のことである。荒魂は死んで間もない祟り易い死霊ということで、山神はよく祟りをするのでおそれられ、鬼や山姥あるいは天狗などに表象される。

ところがこの山神というものは、三輪山の大物主神が山麓に住む三輪氏（もと大神氏）の

祖先であったように、祖霊の神格をもつから、これを厚く祭れば、恩寵を下さり、雨を降らし、耕作をまもり、災をはらい福を与える神となる。山神はこの二面をもつところが霊山の仏教諸尊にもうけつがれた。したがって山の薬師は懺悔悔過の精進苦行をしなければ祟るから、薬師悔過がおこなわれ、その結果として病気を治し、無病息災があたえられる。しかもこの悔過の苦行を平地の人々に代わって常におこなう代受苦の宗教家が山伏として、山の神霊とその本地仏の薬師をまつることになる。

吉野から大峯山にかけて山伏がまつるのは、蔵王権現である。なぜこの忿怒形の三面六臂の仏がまつられたかといえば、多くの所伝にあるように役行者が日本にふさわしい大峯山の本尊を祈り出したからという。すなわち行者が本尊の出現を祈請したところ、まず釈迦如来があらわれた。その姿があまり柔和なので、もう一度祈ると弥勒菩薩があらわれ、やがて三度目に蔵王権現が出現したので、この仏こそ本朝にふさわしい本尊としてまつったとある。したがって大峯修験道の影響をうけた霊山は、本尊としても客仏としても、蔵王権現をまつるのである。木曾御嶽でももと座王権現を本尊にまつり、鳥取県の三徳山三仏寺本尊も蔵王権現であった。また四国の石鎚山の本尊も蔵王権現であったし、客仏としては伯耆大山も彦山もその他各地の修験の山で、この仏をまつらないところはない。

また修験の霊山でしばしば釈迦如来がまつられるところがあるのは不思議であるが、これもすこしかんがえれば容易に解決できる。たとえば彦山の南岳は俗体権現（伊弉諾神）とよばれて、本地釈迦如来とし、伯耆大山の南光院も釈迦如来を本地とした。彦山の三山は南岳のほかに中岳の女体権現が千手観音で、北岳法体権現が阿弥陀如来である。また伯耆大山の三院は中門院の大智明権現（今の大神山神社）が本地地蔵菩薩としてよく知られ、西明院は阿弥陀如来である。

この霊山の釈迦如来の謎をとく鍵は、熊野にある。熊野三山は平安時代中期から鎌倉時代まで、日本国中の山岳信仰の中心であった。その三山の本地仏は、本宮（家津御子神）は阿弥陀如来、新宮（速玉男神）は薬師如来、那智（熊野夫須美神）は千手観音であった。この中でもっとも早く仏教化したのは那智で、古く那智山（奈智山）とよばれたのは、妙法山である。那智の大滝はその雄大さと神秘のために信仰の対象のようであるが、これはもと奈智山（妙法山）へのぼる禊と潔斎の滝として信仰されたものとおもわれる。妙法山は熊野灘の海上から仰ぎ見る「海の修験」のおるところであったが、その山頂の奥之院にまつられたのが釈迦如来であった。

妙法山奥之院本尊釈迦如来像（和歌山県那智勝浦町　阿弥陀寺）

ここの現在の本尊はめずらしく松材で、遊行者の作らしい平安時代のすぐれた彫刻である。ここに釈迦如来がまつられたのは『日本霊異記』（巻下の一）の熊野村で漁夫を教化した南菩薩永興禅師の話でわかるように、この霊山をまもる修行者は、法華経の行者すなわち持経者であった。したがって法華経の教主釈迦如来が本尊となるのは当然であった。熊野那智の修行者は、補陀落世界、もしくは常世である海洋他界を礼拝対象にした時代があったが、これには厳重な潔斎を必要とした。その潔斎には罪を滅ぼす呪力のある法華経を誦持し、実践することが要求されたのである。

日本の霊山信仰にとって法華経はきわめて重要である。なぜかといえばこれは滅罪経典として信仰されたので、法華経を読むと同時に滅罪の苦行を実践しなければならない。またその滅罪の極致として、穢れた肉体を捨てたり焼いたりする「捨身」と「焼身」（火定）につながっていた。山岳信仰や海洋信仰の釈迦如来はまことにきびしい釈迦如来で、『日本霊異記』では熊野山中の崖から身をなげた捨身者が出ており、『本朝法華験記』では、「奈智山応照法師」の焼身をしるして「是れ則ち日本国最初の焼身なり、親しく見、伝へ聞く輩、随喜せざるは莫し」と結んでいる。

## 三　霊山と地獄

ところが熊野那智妙法山は、平安中期以降はその繁栄を熊野大社と青岸渡寺にうばわれてしまう。しかし霊山には死者の霊魂があつまるという他界信仰があるので、そのもっとも原始的な霊魂信仰だけがこの山にのこった。そのために妙法山に納骨や祖霊供養するものがあったので、阿弥陀寺が出来てその要求に応えるようになった。この山を十方浄土とか女人高野として納骨をすすめ、阿弥陀寺を建てたのは、高野聖の萱堂聖をはじめた紀州由良の法燈国師（心地覚心）とかんがえられる。もちろんその死者の霊はこの山に来て、法華経の滅罪の功力で生前の罪穢をほろぼし、地獄の苦をうけないばかりでなく、阿弥陀如来に極楽へ摂取していただくという、庶民信仰の二重性に対応したのである。この信仰は近畿地方一般に、死者の霊は、死後すぐ野外（外くど）で炊く枕飯（三合の飯）の炊ける間に、かならず熊野妙法山へ詣ってくるという伝承となって、いまも言い伝えられている。その霊は妙法山へ来ると阿弥陀寺の無間の鐘を、樒の一本花をもって叩くのだともいわれる。その樒の枝が頂上の釈迦堂のまわりに落ちてそこに樒山ができたのだという。熊野は死者信仰と死者伝承がきわめて多いので、私はかつて熊野を「死者の国」と書いたが、山岳他界こそ日本人の霊山信仰の本質であり、すべての山岳宗教の基礎構造になっている。そしてこの霊山の他界信仰、すなわち霊山は死者の行く世界であるという信仰が、日本人の地獄信仰と浄土信仰の原像である。

　死後世界の他界観念は民族によって異なることが、比較宗教学によってあきらかにされているが、日本民族のばあいは、われわれの住む現実の生活空間の延長線上にある、山岳他界と海洋他界がもっとも根源的なものであろうと思う。日本人はもっともプリミティヴな段階では、山に地獄を意識していたであろう。それは死後に生前の罪穢をつぐなうための苦痛をうけなければならないからである。すでに平安中期には越中立山の山中に地獄ありと都にまで知られ、『今昔物語』（巻十四・巻十七）に三話も立山地獄の話がとられている。庶民信仰では極楽に生まれることを願うより前に、地獄に堕ちまいとする切実な願いがあり、そのために法華経の滅罪性、般若経典その他の経典の滅罪性、真言密咒の滅罪性と念仏の滅罪性がつよくもとめられた。

したがって「修行僧越中立山に至り小女に会ふ語」では、立山地獄に堕ちた近江蒲生郡の少女の霊は、法花経の書写供養を修行僧にたのむ。また「越中立山地獄に堕ちし女、地蔵の助を蒙る語」では京七条西洞院辺の女人も法花経三部を書写供養してもらう。もっとも立山地獄の有り様がくわしいのが「越中国書生の妻、死して立山地獄に堕ちし語」で、のこされた三人の息子が四十九日忌がすんでから、母の死後に行った所を見たいと立山へ登るのである。このような要求で立山へ登るものは多かったであろうし、そのころの立山信仰はこの地獄と、地獄の支配者である帝釈天の在す地獄谷正面にそびえる帝釈岳（現在の立山別山）であった。そして立山へ登れば「貴き僧」の案内で地獄をめぐり、錫杖供養と法花経供養をたのむ。その間に山伏の死者口寄せ（託宣）があったと見えて、亡母が千部法花経供養をたのんだと書かれている。

いまも日本国中の霊山で、地獄谷（阿久谷または阿古谷ともいう）や賽の河原の地名のない山はない。それはこのような日本民族の他界観念が山にあったことをしめす貴重な痕跡なのである。

## 四　霊山浄土と来迎

日本人のあいだに仏教が浸透するにつれて、山岳他界は地獄だけでなく、極楽が生まれてくる。しかしその極楽のイメージは、日本人には地獄ほど切実でなかったというのが実情である。しかし高野山にも平安中期には高野浄土信仰が発生するが、それは高野聖の前身をなす勧進聖の唱導の結果であった。立山の場合はいつのころからか雄山に阿弥陀如来がまつられ、これと向き合った浄土山との間から二十五菩薩が来迎すると説かれるようになった。おなじころとおもわれるが、熊野本宮は生身の阿弥陀如来のいます所と信じられるようになり、人々は幾山河を越えて九十九王子をたどりながら本宮を目ざした。ここでこの阿弥陀如来を拝すれば、極楽往生を証明して下さるという「証誠殿」の信仰が生まれたからである。熊野詣の苦難は滅罪となり、本宮へ着けばすべての罪は消えて、汝は極楽へ行けるぞ、という証明がえられたのである。いやそればかりでなく、それ以後の人生は幸運がひらけ、長生できるといわれた。説経の「小栗の判官」には、本宮へ詣ったものは二本の杖をもとめ、一本は音無川に流して、死後冥途におもむくときの弘誓の船とし、一本は杖に突いて麓に下れば長寿と幸運がえられるとしている。すなわち霊山信仰にはつねに現世と来世の現当二世の利益という二面性がある。これを不純な信仰だとするのは、庶民の現世の苦しみを知らないもので、この苦痛からいかにしてのがれるかは、来世往生と紙一重でつながっていた。庶民にとって霊山の極楽は十万億土の彼方ではなくて、この現世と連続した山の彼方にあるという現実性があった。庶民は極楽という楽の極まった絶対的楽土でなくとも、比較的楽土で満足した。それは山坂を越えた熊野本宮がその一つで、今も伏拝(ふしおがみ)王子や湯の峯の車塚あたりから見る本宮旧社地の森は、三川合流の川の上に浮かんだ楽土とも見えたのである。

また入峯のはじめに、断末魔の儀礼で死んだことにして、霊山の地獄に入って罪穢をおとすが、そこから出たときは新しい生命として再生の儀礼をする。その再生した人生の健康と幸福も、弥陀の救済、極楽のたのしみにつながったであろう。それは空しいイメージではなくて、きわめて現実性をもったものであった。「隠れ里」の昔話はこの山中浄土の信仰が昔話化したものと解釈される。

霊山の浄土はまた絵画として造形され、絵解の材料あるいは臨終仏として、往生者に救済観をあたえた。すなわち来迎図であるが、わが国で発達した来迎図は、みな聖衆(しょうじゅ)も弥陀三尊も、弥陀独尊でも山の中から出て来るか、山の上を飛翔(ひしょう)する。この山があるために、日本人にはこの来迎は現実性をもってむかえられたものとおもう。これを日本人の自然観照として解釈する向きもあるが、もっと深く日本人の宗教意識とかかわっている。すなわち浄土（他界）は山にあるという意識である。あの知恩院蔵の有名な「早来迎図(はやらいごうず)」の重畳たる山岳は、ただの自然観照ではない。また奈良瀧上寺(りゅうじょうじ)の観経曼陀羅(かんぎょうまんだら)三幅本は往還来迎(おうげんらいごう)を添えることによって、来迎の現実性を付与したのである。観経曼陀羅は何といっても日本人には異質の世界である。宝楼閣(ほうろうかく)や宝樹や宝池は、異邦的幻想的ではあっても現実的でない。宗教には幻想

熊野影向図（京都　檀王法林寺）

も必要だが、日本民族はそれだけでは満足しない。その幻想的な浄土に現実性を付与するのが山岳であり、重畳たる深山によって、われわれの世界とむすばれた幻想の浄土であった。その意味でもっとも日本人向きの来迎図は「山越の弥陀」であろう。京都金戒光明寺の山越の三尊は、あの山の向こうに浄土があるという実感をわれわれの心に滲み透させ、このように美しい世界なら早く往きたいという憧れをさえ感じさせる。それはこの山岳の存在がそうさせるのである。この弥陀の手に五色の糸をつけて引いた跡があるが、その往生者の気持が見る者にもひしひしとせまってくる。また京都禅林寺の山越の三尊は、山ごしにこちらを見ているのでなくて、もう観音勢至は山を越えてこちらへ近づきつつある。

はっきりと熊野本宮の阿弥陀如来の来迎とわかるのは、京都檀王法林寺蔵の「熊野影向図」である。所伝で奥州名取郡の老尼が熊野四十八度の立願を立て、四十八度目には老齢で雲取の険を越えられないとおもっていると、本宮の弥陀がおんみずから那智の浜までお出ましになって、四十八度の立願を叶えたということになっている。しかしこれは独尊来迎図と見るべきもので、まことに美しい熊野の風景にとけこんだ阿弥陀如来の来迎である。

山中浄土信仰、あるいは死者救済の霊山信仰が、ひろく庶民にうけいれられていたことは、実に多くの霊山に阿弥陀如来の信仰や本地仏があることでわかるが、地蔵菩薩を本地仏とすることにもうかがわれよう。伯耆大山は山陰を代表する霊山で、その山神、大智明権現の本地は地蔵菩薩として知られていた。この地蔵に死者救済の信仰があったことは、『大山寺縁起』（十一段）に髪田の浦人の母が、大山地獄谷の地獄に堕ちたのを、この地蔵菩薩が助けた話となっている。しかもこの縁起には

五旬（人の死後五十日目）の終りに幣を捧ぐる事、是を始めとす。

と、四十九日忌がすんだら、この山に霊を送ってくる習俗が、鎌倉時代にあったことを語っている。これはいま大山寺河原の賽の河原にまいることの由来とおもわれるが、多くの霊山の納骨・納髪と忌明け詣りは、すべて死者の霊を山に鎮まらしめる信仰であった。

以上のべたように、日本民族に固有の霊魂観、他界観はすべて山に関係があり、これが仏教と結合することによって霊山信仰が生まれた。そしてこれにともなって霊場寺院が建てられ、現世利益の呪術信仰とともに、納骨信仰や死者供養信仰がおこった。そして浄土信仰も

霊山を媒介として、日本人のあいだに定着した。それは修験道の内容を構成し、日本文化の美術や芸能や文学にも大きな影響をあたえたのである。

# 高野山の浄土信仰と高野聖

## 一　高野浄土と日本総菩提所

われわれは現在目の前にあるものは、みな昔からこのとおりだったと思い、また未来にもおなじだろうと思いがちである。しかし現在は過去から未来にわたっての歴史の流れのなかの一点、その仮の姿にすぎない。

したがって現在を知るためには、過去を知らなければならないし、それは未来へむかってのわれわれの歴史的使命を自覚する道でもある。その意味で現在に固執することは、事の真実を見失わせることになる。

いま高野山は真言宗という大教団の中心であり、また真言密教のシンボル的存在である。厳密には高野山真言宗の総本山であるけれども、信仰的には日本国総菩提所(そうぼだいしょ)として、海外にまでその名を知られている。この真言宗の総本山ということから、われわれは高野山は弘法大師の昔から、真言密教の教学と信仰が連綿としてあり、その結果として今日の日本総菩提所になったと思っている。

これは歴史を見ないものの常識であって、弘法大師と日本総菩提所をつなぐ中間項として、山中浄土信仰があったことを無視することはできない。しかも高野山は未来にむかっても、菩提所としての宗教的機能をはたすとすれば、その浄土信仰をあきらかにしておくことが、高野山の未来をかんがえるためにも必要なことであろう。高野山は密教の本山だから、浄土信仰は知らないというわけにはゆかないのである。

一般に真言密教は現世利益の祈禱仏教であって、葬式仏教はもっぱら浄土宗・浄土真宗その他の浄土教の担当だとおもわれている。そういいながら真言宗も、その存立の基盤と社会的機能は葬式と供養ではたすのが実状である。しかしこれは高野山に浄土信仰があったからというのではなくて、宗教そのものの存在理由が、死者の霊のまつりにあるからにほかならない。死者の霊が実在する以上、その霊の世界が設定されるのは当然で、これが浄土あるいは地獄とよばれる「他界」（あの世）である。

日本人の他界観念の一つは、古くは山であったとかんがえられる。これは京都東山の山麓の鳥辺野が葬場であったように、その地方でよく目立つ山の麓に死者を送った（風葬にせよ埋葬にせよ火葬にせよ）ことからおこった他界観念であろう。信州は楢山（冠着山）の山麓に死者を送ったことから、ここに「おはつせ」（小泊瀬）の信仰がおこり、やがて「おばすて」（姥捨）となった。大和の泊瀬（初瀬）が「隠国の泊瀬」とよばれたのは、霊のこもり隠れている他界という意味であった。

このような他界信仰をもった山は、全国いたるところにあり、善光寺の背後の大峯山もそれであろう。ここに死者の霊の往く他界信仰がおこり、本田善光の息子善佐の地獄めぐりを説く『善光寺縁起』ができ、また死者の霊にめぐり会えるという地下の戒壇めぐり（廻壇）がつくられた。いまも人が死ねば、霊魂はすぐ善光寺詣りをするという伝承は全国的である。また大和の三輪山にも六道という地名があったのは、古くはこの山に地獄信仰のあった証拠とかんがえられるし、また「大神の餓鬼」が『万葉集』によまれたのも、この三輪山の地獄が反映しているだろう。越中立山の地獄谷の場合は、平安時代から全国にその名を知られていて、『本朝法華験記』では「日本国の人、罪を造れば、多く立山の地獄に堕在す」と書かれたことは、すでに述べたところである。

このように山に死者の霊が集まるという信仰が、高野山浄土信仰の起源である。したがってこれはもとこの山の麓の人々の信仰であって、いまも紀州伊都郡、那賀郡の各地から四十九日の「骨のぼせ」があるのはその名残りにほかならない。これを全国的信仰に拡大して、日本国総菩提所の地位にまでおしあげたのは、全国をめぐって高野山の霊験をとき、この山への納骨納髪をすすめた高野聖であった。したがって高野浄土信仰と高野聖は、切っても切れない関係にある。

この高野浄土もはじめは弥勒の浄土であった。いやとくに何仏とも限定されない諸仏の浄土であった。この諸仏の浄土というのは死者の霊のあつまる山中他界の意味であったことは、明遍杉の由来としてかたりつがれた話がこれを証明している。すなわち高野聖の偶像的存在であった明遍僧都が、ある夜、奥之院の霊域に入ろうとしたら、諸仏充満して入ることができなかった。そこで無明の橋の袂に杖を立てたまま、引きかえしたが、その杖が根付いて明遍杉になったというのである。ここに諸仏というのは、この山にあつまっている無数の霊魂のことである。こうした霊魂は『聖衆来迎図』では化仏として、空中一面にうかんで多数えがかれている。

水向地蔵（高野山奥之院）

いま明遍杉の下で、参詣者は目ざす仏のために水向供養をする。高野山に参詣した人なら、たれでもお寺で自分の仏の戒名を書いてもらった経木塔婆をもって、この明遍杉の下にならんだ水向地蔵にあげて、水をかけた記憶があるはずである。何の意味ともしらずにおこなう人が多いが、これこそ高野浄土信仰のもっとも古い形だったのである。しかも経木塔婆になる以前は、霊の依代としての槙の枝を立てて水向けしたとおもわれ、これが高野山へ参れば槙の枝を買ってかえるという習俗になったのである。しかもこの習俗は高野山ばかりではない。京都のお盆の精霊迎えに東山山麓の鳥辺野の入り口にある、六道の辻（珍皇寺と西福寺と六波羅蜜寺）に詣って、槙の枝を買ってかえり、精霊をむかえることとおなじなのである。

高野浄土信仰は弘法大師の甥の真然僧正のとき、陽成天皇の勅問に奉答したのがはじめといわれる。

> 金剛峯寺は前仏の浄土、後仏の法場なり。（中略）一たびも歩みを運ぶ者は、無始の罪を滅す。仮にも縁を結ぶ者は、龍華（弥勒浄土往生）の果を得。

とあって、高野山は過去仏と未来仏の浄土であった。当時徒歩で高野山にのぼる苦行は堕地獄の罪をほろぼす滅罪行となり、またその結果、弥勒浄土に往生できるということにもなった。しかしこの勅問奉答は、おそらく平安中期の勧進聖の作為であろう。それはおなじ内容の思想を、仁海僧正が関白道長に対する高野山勧進にのべているからで、それには次のようにある。

> 高野山は十方賢聖常住の地、三世の諸仏遊居の砌、（中略）一度此の山を蹈むの輩は、永く三途の故郷（地獄）に還へらず。仮令、彼地を信ずるの人は、必ず三会（弥勒菩薩の説法）の下生に遇ふなり。

このような弥勒浄土としての高野浄土は、平安末期の高野聖の組織化とともに、阿弥陀浄土信仰に転換していった。

## 二　『高野山往生伝』

高野山に阿弥陀浄土信仰が入ったのは寛治七年（一〇九三）以前のことで、それはさきの道長が仁海のすすめにしたがって高野山へのぼった治安三年（一〇二三）以後のことである。この信仰をもたらした初期の念仏者として、『高野山往生伝』は沙門教懐をあげている。その伝によれば、教懐は寛治七年五月二十七日に九十三歳で往生するまでに、高野山で二十余年をすごしたとある。そうすると延久の末年（一〇七四）ぐらいに高野山へ入ったことになるが、それは奈良興福寺系の念仏聖のあつまる南山城の小田原別所からであった。したがってこの浄土信仰は南都系のもので、天台系浄土教よりも庶民的であったといえる。しかもかなり密教色が濃厚で、毎日の勤行は両界曼荼羅修法と弥陀行法であり、また大仏頂陀羅尼と阿弥陀真言を念誦した。また不動尊像数百体を模写したりしている。

往生伝によると教懐はかなり高貴な公卿の家に生まれたが、その親が讃岐守であったとき、犯科人に苛酷な拷問をくわえたため、その怨霊のたたりで一族がみな死んだ。そして教懐一人だけのこったが、なおその怨霊が責めるので出家して念仏聖になった。その草庵が南山城の小田原別所にあったので、高野山では小田原聖あるいは迎接房聖とよばれた。彼の住んだ跡は高野山浄土院谷の浄土院弥勒堂（現在の安養院あたり）であったが、このあたりを小田原通りとよぶようになり、高野山商店街の名となった。

彼の通称が高野山中心街の地名にのこったということは、いかに彼が有名人であったかを証拠だてるものであろう。したがって初期高野聖の偶像としてあがめられた。彼の住房跡には教懐聖人堂がたてられ、毎年盛大に盂蘭盆会がいとなまれた。この盂蘭盆会の会衆としてまねかれるのは、聖たちのもっとも名誉とするところであった。また教懐の往生については、『高野山往生伝』に見える維範阿闍梨の往生の際、来迎の聖衆（菩薩）のなかに教懐が雲に乗ってあらわれたことで、たしかなこととされていた。その有様は石造彫刻にのこされたということも書かれている。

『高野山往生伝』という本はまことに面白い本で、往生者の伝記のなかに、著者（名不詳）がいろいろと聞いたり見たりしたことを書きそえ、それを確かめるような記述をしている。しかもこれと照合できる史料として『寛治二年白河上皇高野御幸日記』や、久安三年から六年（一一四七—五〇）の『御室御所高野山御参籠日記』などが現存している。これらとあわせて見るとこの往生伝は、かなりたしかなものと信じてよい。これほどにたしかな往生伝があるのに、私が『高野聖』を書くまで、高野山の浄土信仰にたしかなメスをあてた人がなかったのは、やはり高野山は真言宗の山という先入観にとらわれたためであろう。

教懐について面白いのは、この伝説的な念仏者が白河上皇の高野登拝のとき生存していたことで、このとき上皇は奥之院に三十万燈の万燈をあげ、教懐をふくむ三十口別所聖人に小袖綿衣三十領を下賜された。この三十万燈というのは実際は三十燈で、一燈は「長者の万燈」とよばれる一万燈にかぞえたらしいのである。その一燈は白河燈の名で、現在も奥之院燈籠堂にもえつづけている。

ここに三十口聖人というのは、高野山の別所聖、すなわち高野聖のもとをなす念仏聖集団の上首三十人のことである。この三十人のために白河上皇は第二回目の高野山登拝、すなわち寛治五年（一〇九一）に、一日一升ずつの僧供料として、年間百八石を寄進された。このような念仏聖への優遇は、教懐の名声によるところが大きかったが、これは同時に高野山に阿弥陀浄土信仰の勢力が、あなどるべからざるほどに生長したことをものがたるものである。

このころの浄土信仰の遺品として、有名な「聖衆来迎図」が高野山にあるが、これは残念ながら高野山のものではない。もと比叡山横川谷にあったものを、元亀二年（一五七一）信長の比叡山焼き打ちのとき、この絵をもって高野山に逃げて来た僧があって、高野山の所有に帰したのである。しかしまた『高野山往生伝』には南筑紫聖人という九州出身の聖がおって、北筑紫聖人とともに日夜行道し不断念仏をして長治元年（一一〇四）に往生したとある。これも三十口聖人の一人だったとおもわれるが、南筑紫聖人の住房のあとは、のちに天徳院となった。この寺の本尊彫像は「山越の弥陀」（やまごしの弥陀ではない）と称し、南筑紫上人住房の本尊であったという。「山越の弥陀」は画像が多く、臨終仏として掛けられ、五色の糸を中尊阿弥陀如来の定印につけ、これを臨終者がにぎって往生するものであった。しかし「山越の弥陀」の図柄は山中に浄土があって、そこから阿弥陀如来と観音勢至の三尊が、山を越えて往生者に来迎することをあらわしている。阿弥陀如来独尊で山を越えて来迎した例として「熊野影向図」もあることはすでにのべた通りである。これは熊野本宮の阿弥陀如来の影向来迎であるから、熊野本宮はまた山中の浄土であり、那智は補陀落の観音浄土であった。

『高野山往生伝』にはほかにも興味ある話が多い。「散位清原正国」は、造悪無碍の武士であったが、六十一歳でにわかに出家し、毎日十万遍の念仏をとなえていたという。ところがそれから二十七年たった八十七歳の年、夢に入唐上人日延があらわれて

　汝、極楽に往生せんと欲せば、高野山に住すべし

とのお告げがあった。そこで寛治七年（一〇九三）九月二十三日に高野山へのぼり、同十月十一日に往生をとげた、とある。これも高野山の浄土信仰がひろく知られていたことをしめす話である。

## 三　高野聖と苅萱道心石童丸

高野山といえば石童丸というほど、苅萱道心石童丸の話は有名である。宗教的霊場にはこのような通俗文学の語り物があって、いつまでも庶民をひきつける。しかしこの文学は高野

山信仰のいろいろの問題を含んでいる。

まずこのような語り物をつくって全国にひろめたのは誰かということであるが、これは高野聖の一派、萱堂聖（かやどうひじり）とかんがえられる。しかもそれは鎌倉末期から南北朝時代にかけて、高野聖が時宗（じしゅう）化したのちのことで、おそらく室町時代の初期の所産であろう。この物語と並行して高野聖の語り物に「三人法師」と「さいき」があったが、この方は御伽草子（おとぎぞうし）となって文学化されている。しかしこれらのいわゆる高野山文学は、もと高野聖のかたる説経であって、節付けして語られたのである。現在は「かるかや」の方だけが説経に入れられ、しかも五説経の一つにかぞえられている。しかしもとはすべて説経であって、これを文学にしたのが御伽草子だったのである。

苅萱堂（高野山）

そのなかでも「さいき」は古い形の説経であり、御伽草子としても古い型であった。豊後国（御伽草子は豊前国）佐伯の地頭が京へ出て契った女房を、嫉妬（しっと）した国元の本妻が、神仏のみちびきで妻の座を愛人の女房にゆずって出家する。これに感じたその愛人も出家し、これを追って地頭も出家して高野山へのぼるという筋である。そして三人とも往生の素懐をとげ、弥陀・観音・勢至としてあらわれるという結末が、説経としても御伽草子としても古いのである。

そのほか高野聖文学として知られる「荒五郎発心譚」なども、すべて高野聖文学は人間の愛欲と嫉妬を主題とし、これを発心と懺悔で昇華する。これをきく人々は、たんなるありがたずくめのお説経とはちがって、身につまされながら人間の運命と、神仏の導きに感動した。これはこのような文学を生みだした高野聖の真実の姿であって、かれらは世俗生活でなんらかの負い目をもった人々であり、その罪の意識を出家と懺悔によってほろぼそうとしたのである。そのみずからの姿を戯作して語り物とし、人々に娯楽をあたえながら、高野山の堂塔再興の勧進に加わらせたり、高野山納骨をすすめたりしたのである。

このようにして高野山は弘法大師の廟があり、この世の浄土であるばかりでなく、きびしい懺悔滅罪の生活をおくる浄行者の住む女人禁制の聖地、というイメージがつくりあげられた。このイメージは明治の女人解放や昭和以後の観光化によってくずれてはいるが、人々は現世が汚濁と罪悪にみちておればおるほど、そのような聖地にあこがれるのである。

ここで問題となるのは高野山の女人禁制である。これは一般に高野山僧の勉学修行のさまたげとなるために、女人を禁制したというように説明されている。しかし江戸時代まで、とくに中世には山岳霊場はすべて女人禁制だったのである。これはさきにのべたような死者の霊の住む山は、精進潔斎してのぼらなければ山神の祟りがあるからであった。この山神というのも実は死者の霊のもっとも浄化された霊格であって、その山に入るものに恩寵をあたえるとともに、穢れと邪心あるものに懲罰をあたえる。そのような山に入るときは御嶽精進とか熊野精進といわれるような潔斎が必要であり、それは女性を遠ざけることを第一条件とした。

　したがって女人禁制があったということは、ここに死霊あるいは祖霊のあつまる浄土信仰があったことをあらわすものである。高野聖たちはこの女人禁制を生かして苅萱道心石童丸の物語をつくったが、実際には高野山麓に里坊をもって妻子をおくものがすくなくなかった。その代表的存在が高野聖時代の西行で、山麓の天野に妻子をおいたことは、かくれもない事実である。しかし高野山の浄土信仰をひろく日本全土にひろめ、日本国総菩提所とした歴史的功績はたかく評価する必要があるとおもう。

# 山の薬師・海の薬師

## 一　峯の薬師と香薬師

よく「峯の薬師」とよばれる薬師信仰が各地にある。『薬師如来本願経』にとかれた薬師如来ならば、別に高い山の上になくてもよいのに、日本では薬師如来を本尊とする山岳寺院が多いのはなぜだろうか。私は高野山金堂本尊と比叡山根本中堂の本尊が、ともに薬師如来であることに、ながいあいだ疑問をもっていた。高野山などでは中世には薬師を本尊とする理由が分からなくなったらしく、これを弥勒菩薩として礼拝する口伝が生じ、いまもオン・マイタレヤ・ソワカで拝んでいる。しかしこれはどうも日本の薬師信仰の特色であるばかりでなく、日本人の庶民信仰の秘密がこの「峯の薬師」「海の薬師」にあるらしい。

三河鳳来寺は仏法僧の鳴き声で有名になったが、「峯の薬師」として知られる庶民信仰の山であった。徳川家康は両親がこの薬師に願をかけて生まれたということで、江戸時代には特別に保護されたけれども、もともと熊野系の山岳寺院であった。

法隆寺の西円堂も「峯の薬師」で、旧学問寺、いまは観光寺院である法隆寺伽藍の西隅に、忘れられたように立っている。しかしもとはこの付近住民の庶民信仰の薬師として、この方が繁昌していたのである。二月三日の修二会結願（寺では追儺会という）には付近の民衆があつまって来るし、堂内にあげられたおびただしい鏡は、三河鳳来寺「峯の薬師」の鏡岩や鏡堂（今は焼失）と、共通の信仰があることを暗示する。いうまでもなくこの西円堂の薬師如来は、法隆寺裏山の梵天山（梵天は山伏の御幣のこと）にあったもので、いまも悔過池と座王権現堂址がのこっている。これでわかるように、「峯の薬師」は山中浄行者（山伏）が薬師悔過を修行するためにまつられはじめたのである。

　醍醐寺は山下の金堂は釈迦如来であるが、「上の醍醐」は薬師堂が中心である。平地仏教・都市仏教としての奈良の薬師寺や新薬師寺にばかり薬師信仰があったのではない。ところがその新薬師寺といえども実は春日山中の香山（高山）にまつられた峯の薬師から発祥するのである。

香薬師像（奈良　新薬師寺旧蔵）

　新薬師寺には白鳳仏の傑作といわれた香薬師があった。金銅製の像高七三センチという小さな仏像で、その可憐な童顔と流麗な衣文は、東京深大寺の白鳳仏や橘夫人念持仏などとともに、美術愛好家の脳裏にふかくきざみこまれているのに、いまはこの寺にはない。戦前は私もこの寺を訪れて、しばしばこの像の前にたたずんだ。しかし戦後盗難に遭って一度は寺に帰ったが、二度目に姿を消してからはお目にかかることができない。

この香薬師が春日山中の香山寺にあったことはうたがいがないので、新薬師寺の前身は峯の薬師であったということができよう。このように言うと、新薬師寺と香山寺の関係についての、美術史家の過去の論争を無視するといわれるかもしれないが、その論争は平地の大伽藍も、山中の一行者の庶民信仰から出発するという、庶民仏教のあり方の考察が足りなかったためとおもう。したがって古くは内藤藤一郎氏をはじめ、福山敏男氏や秋山大氏は香山寺と香山薬師寺あるいは香薬寺は新薬師寺と同寺異名とした。これに対して板橋倫行氏や千葉真幸氏などは、香山寺、香山薬師寺は春日山中にあった寺で、平地の新薬師寺とは別寺であると主張した。これをうけて毛利久氏は『新薬師寺考』（昭和二十二年）で、香山寺と新薬師寺は別寺であるが、のちにこの二寺は合併して香山薬師寺とも称したと断定するまでになっている。

この合併はすくなくも天平勝宝八年（七五六）の東大寺絵図に、香山寺は香山堂と書かれている時点では完了していたことになるが、天平勝宝元年（七四九）七月の『続日本紀』の記事に、新薬師寺だけあって香山薬師寺がないから、このころまでに合併したのであろうという。しかし私は天平十九年（七四七）の新薬師寺造立のときには、香山寺は新薬師寺に吸収されたので、新薬師寺は香山薬師寺とも別称され、略して香薬寺とも書かれたものとおもう。ただ香山寺の山房のみは香山（高山）にのこっていて、香山堂とも香山寺ともよばれていたのである。東大寺古絵図に「山房道」がいくつもあるのは、まだ他にも山中修行する浄行僧の山房があったことをしめすもので、そのような山房が大伽藍になった例をあげておこう。

## 二　山の薬師と悔過

「山の薬師」の問題は、実は日本にいかにして仏教が受容されたか、そしてそれは庶民といかなる関係をもったかに示唆をあたえる。日本仏教はインドから中国、朝鮮を経て、欽明天皇十三年（五五二）または欽明七年戊午に、国家仏教として受容され、それが民間にも弘まったという常識が支配的である。しかしそのような常識では日本仏教の本質は理解されないし、「山の薬師」や「海の薬師」の謎は解けない。むしろ仏教は民間ベースではやくから潜在的に受容され、のちに仏教公伝となったものとかんがえるべき多くの理由がある。民間修行者のあいだにおこなわれた潜在的な民間仏教が、やがて顕在化して国家的仏教になるということは、香山寺のような「山の薬師」が新薬師寺のような「都の薬師」になるという歴史現象にも見られるのである。

この事例の一つとして東大寺と金鐘（鍾）寺をとりあげて見よう。東大寺の前身である金鐘寺は、奈良の東山で執金剛神塑像（塼像）の足にしばった縄を引きながら「礼仏悔過」する山岳修行者の一山房から出発する。『日本霊異記』には、国家仏教から無視され、抹殺された民間仏教の歴史事実を多数見出すことができるが、この山岳修行者は金鷲優婆塞とよばれる私度の山伏であった。彼は五体投地の礼拝を、何百回も何千回もつづける、滅罪の苦行すなわち悔過をしていた。これとおなじ悔過を、薬師如来を本尊としておこなっていたのが、香山寺の優婆塞であり、そのはじめは香薬師金銅像のできた白鳳期には、すでにこれがおこなわれていたとしなければならない。したがって『続日本紀』（天平十七年九月）に

> 癸酉、（中略）天皇不豫なり。（中略）京師と畿内の諸寺及び諸名山浄処をして、薬師悔過の法を行は令む。

とある京師の名山浄処に、香山もふくまれていたはずである。これを動機として二年後の天平十九年三月には、天皇不豫を祈らんがために、光明皇后の発願によって香山の麓に新薬師寺が建立されることになった。これはまさしく山岳修行者の民間仏教が顕在化して、国家的寺院に発展したものであって、そのために新薬師寺は香山薬師寺の別称をもったのである。しかも香山寺は新薬師寺に属する悔過所として、香山堂をのこしたのであるし、『正倉院文書』（天平宝字六年四月一日、造東大寺司告朔解）の「造香山薬師寺所作物」の条に「供奉薬師悔過所」とあるのは、この香山堂であったにちがいない。

この香山堂の址は春日奥山である花山（四九八メートル）の南の峯に見出される。これが

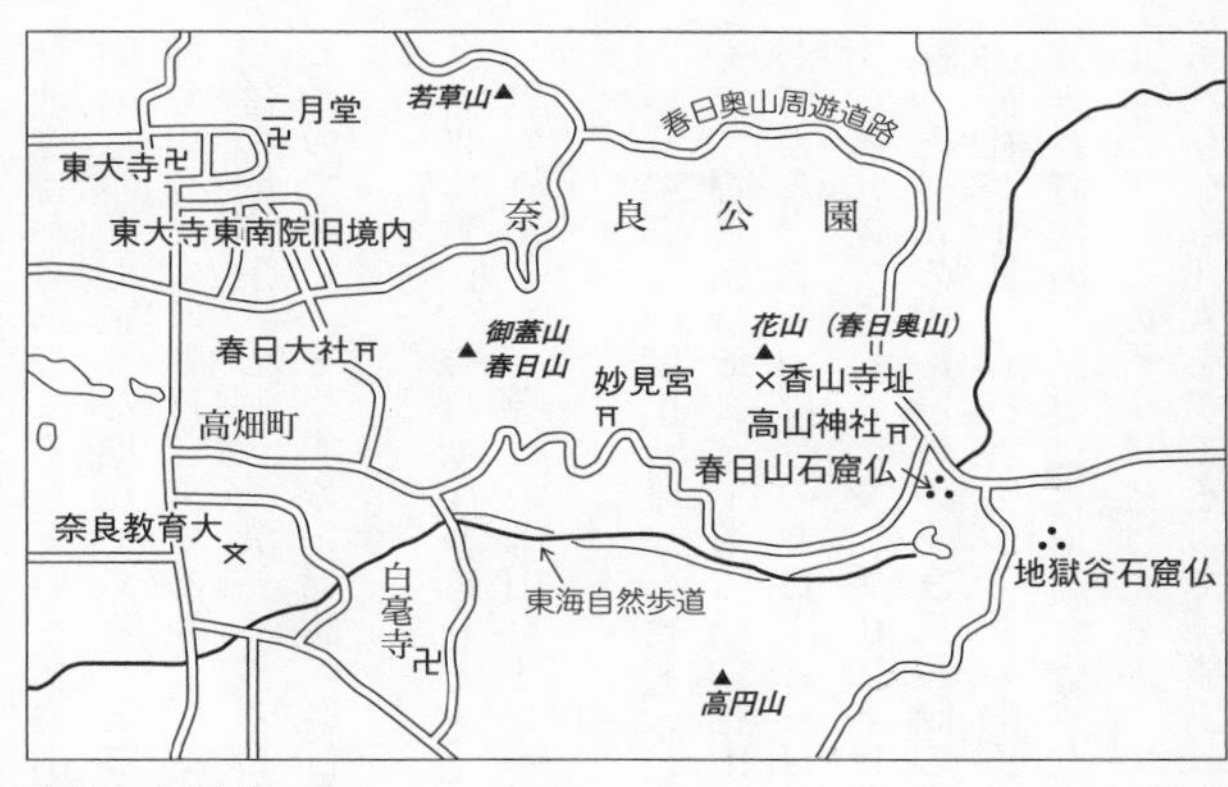


春日奥山略図

いまは高山（こうぜん）（四六〇メートル）とよばれ、その麓に高山神社と雷電神社と龍王池がある。すこし下って春日奥山巡り道路の横に石製高山水船（こうぜんみずふね）があるが、これは鎌倉時代以前から雨乞いにももちいられたもので、

東金堂施入　高山水船也
正和四年乙卯五月　日置之　　石工等三
座

の銘を読むことができる。したがってこのあたりが香山（高山）であることはうたがいないが、これは春日山とどんな関係をもつものであろうか。

私は春日山の山岳信仰のもとはこのあたりと思うので、春日山中の石仏をもとめながらしばしばここへのぼった。ここから東へゆけば地獄谷石仏のあるところへ出るが、原始的山岳信仰は地獄谷からはじまる、という私の山岳信仰発生論からいえば、このあたりは春日山山岳信仰のもっとも重要な地点である。ところで藤原氏が春日神社をまつる以前から、春日山の山神を祀ったのは春日若宮であって、その御神体は龍または蛇体であるといわれる。すなわち栂尾の明恵上人の渡天（天竺へ渡ること）をとどめた春日龍神というのは、実にこの若宮だったのである。そうすると謡曲「春日龍神」にうたわれた、

昔は霊鷲山、今は衆生を度せんとて、（春日）大明神と現じ、此山に宮居し給へば、即ち鷲の御山とも、春日の御山を拝むべし

という「春日の御山」は、いま七本杉のある春日山（二八二メートル）、別名御蓋山ではなくて、春日山の最高峯である今の花山であり、これが本来の香山（高山）だったということができる。この山は今の春日山と春日若宮と一直線上の真東にあたる。しかし香山寺がその南の峯に建てられたので、香山の名は花山の南の方にうつり、高山神社も龍王池もその方へ移った。私の山岳宗教の三宮三院制の仮説からいえば、花山（高山）が奥社（上社）で、高山神社が中社、春日若宮が下社の関係にある。

鎌倉時代の説話集『古事談』（巻五）は、猿沢の池の龍王が采女の投身で池が穢れたのをきらって、この香山に逃げたといっているのは、香山の龍王池のことであろう。しかもこのあたりへも死人をすてるので、龍王はまたここをきらって室生の龍穴へ逃げたという。

室生龍穴は善達龍王の居る所なり。件の龍王は初め猿沢池に住す。昔采女投身の旼、龍王避けて香山（春日山の南也）に住す。件の所に下人、死人を棄つ。龍王亦避けて室生穴に住す

とあるのがそれで、このあたりから地獄谷にかけての春日奥山は風葬の地であり、そのために死霊や祖霊の住む他界（あの世）としての山岳信仰がおこったのである。このような春日山の信仰と春日若宮の信仰がわかれば、若宮の「おん祭」に龍の形の注連縄や蛇体をあらわす鱗形のお仮屋が建てられ、御霊会の形式で「おん祭」がおこなわれる理由も納得できるであろう。

## 三　山の薬師と鏡

つぎに「山の薬師」におこなわれる悔過はどのような意味をもつものであろうか。東大寺二月堂修二会（お水取り）が十一面悔過法で、十一面観音を本尊として衆罪を懺悔するために、別火精進と参籠苦行するものであることはよく知られている。また法隆寺金堂修正会などは吉祥天悔過法で、これは諸国国分寺でおこなわれたことが『続日本紀』（神護景雲元年正月八日）に

勅すらく、畿内七道諸国、一七日の間、各々国分金光明寺に於て、吉祥天悔過の法を行へ。此の功徳に因つて、天下太平、風雨順時、五穀成熟、兆民快楽にして、十方の有情、同じく此の福に霑はむ

とあることでわかる。『日本霊異記』にも、金鷲優婆塞の執金剛神悔過のほかに、一持経者（山伏）が観音悔過をおこなったことや、十一面悔過をおこなったこと、一禅師（山伏）が方広経による悔過をおこなったことなどが出る。

これらの持経者や禅師の悔過は、天下国家の人民や信者に代わって苦行し、それらの人々の罪や穢れを滅ぼすのが目的である。すなわち滅罪の代受苦が悔過なのである。そうすれば罪や穢れのために引きおこされる病気が治り、旱魃や饑饉や流行病がおさまり、天下太平、五穀豊登、万民快楽となる。

このような悔過の代受苦は本来、山中修行の浄行僧のおこなうものであったが、その潜在的な庶民仏教の呪術的苦行が、国家仏教にとりあげられて、官寺や国分寺、定額寺での悔過法修正会になったものとおもう。実際に修正会の吉祥天悔過を国分寺でおこなうことが定められた、神護景雲元年（七六七）より十七年前の天平勝宝三年（七五一）には、浄行僧である笠置山の実忠等によって、東大寺二月堂修二会の十一面悔過が、潜在的庶民信仰としておこなわれていたのである。

ひるがえって春日山中の香山寺では、すくなくもこれより早い天平十七年（七四五）には、薬師悔過がおこなわれていたであろう。これはすでにあげた『続日本紀』（天平十七年九月十九日）に、聖武天皇の御病気を京師奈良の名山浄処で、薬師悔過をおこなわしめたと出るからである。しかしこれは顕在化した悔過法だから、もっと以前から浄行僧（山伏）による種々の悔過が、庶民の依頼にこたえておこなわれていたにちがいない。その評判が天皇やその側近にもきこえたので、この庶民信仰は国家的悔過として顕在化するに至ったのである。

しかしこれより早い天平五年（七三三）以前に、奈良東山で金鷲優婆塞は執金剛神悔過をおこなっていた。『東大寺要録』（「本願章第一」）に

> 僧正（良弁）は相模国の人、漆部氏なり。持統天皇の治三年己丑に誕生す。義演僧正の弟子、金鷲菩薩是なり。天平五年金鐘寺を建つ

とあるように、金鷲優婆塞はその悔過の功験をみとめられて得度をゆるされ、一山寺を金鐘寺として山麓に建立することがゆるされた。金鐘寺の前の山房には寺号がなかったか、あるいは金鷲（金鍾）の名をとって金鍾寺といっていただろうと私はおもう。『東大寺要録』（「縁起章第二」）では、良弁の前身を「一童行者」または「童行者」あるいは「金鍾行者」とよんでいるからである。

この優婆塞の山房は東大寺三月堂（法華堂）から東の嫩草山（三笠山）にのぼったところといわれ、本尊の執金剛神像は現在まで三月堂の北戸に北向きに立っている。したがって山房（金鍾寺といったか）と不空羂索観音を本尊とする羂索院を併せて金鐘寺としたものであろう。これがやがて東大寺という大伽藍に発展していったことはのべるまでもない。ところが羂索院法華堂をまもる山伏である法華堂衆が、千日不断供花行の花（樒）を採る山は花山、すなわち春日奥山で、峯の薬師香山寺のあった香山のあたりである。したがって香山のあたりが春日山山岳信仰の中心であったというのも、そうした理由からである。このあたりの地獄信仰については『沙石集』（巻一の第六話）に

我大明神（春日明神）ノ御方便ノ忌敷キ事、聊モ値遇シ奉ル人ヲバ、イカナル罪ナレドモ、他方ノ地獄ヘハツカハサズシテ、春日野ノ下ニ地獄ヲ構テ取入ツツ、（中略）此方便ニヨリテ、漸ク浮出侍也。学生ドモ（の霊）ハ、春日山ノ東ニ香山トイフ所ニテ、（明神が）大般若ヲ説給フヲ聴聞シテ、論義問答ナド人間ニ違ハズ

とあって、一般人や罪の重いものは春日野の下の地獄、東大寺、興福寺などの僧は香山の地獄におちると信じられたらしい。これはおそらく僧侶の葬所がこの山中であったことを想像させるもので、そのような霊を鎮めるための悔過も香山寺でおこなわれたであろうとおもわれる。

なおこれにあわせて「峯の薬師」、法隆寺西円堂の鏡の問題がある。三河の「峯の薬師」である鳳来寺には、大正時代の焼失まで鏡堂があって、おびただしい鏡が奉納されていた。そうすると、「峯の薬師」に病気平癒を祈願するときは、鏡を奉納するという信仰があったことはたしかである。しかしその起源については従来あきらかでなかったが、私は鳳来寺鏡岩下の納骨遺跡の発掘に立ち会った結果、つぎのような結論に達した。

発掘は昭和四十一年三月五日から五日間おこなわれたが、「峯の薬師」への鏡の奉賽の前には、鏡を高いところから投げる習俗があったことがわかった。これは重要なことで、鏡は罪や穢れを「うつす」（映す＝移す）ものであるから、これを高いところからできるだけ遠くへ投げ捨てたり池に沈めたりするのである。そうすれば病人の罪はほろびて病気が治り、死者の罪は消えて地獄の苦をまぬかれる。このような庶民信仰の論理が、やがて「峯の薬師」に鏡を奉納することに変わった、と推定する。実際に鏡岩下には無数に鏡が散乱していた。そして岩の途中の岩棚に留まったまま六百年を経た鎌倉時代の鏡も、鏡岩をザイルで下降した学生が拾得することができた。こうかんがえると、京都の高雄山神護寺境内の崖の上からカワラケ投げをすることも、もとは鏡を投げて厄除けとしたことがわかって来る。すなわち鏡は高価なのでカワラケに代えたもので、壬生寺の節分に厄年の者が上げるカワラケももとは鏡であったろう。

法隆寺の西円堂「峯の薬師」には、いま二月三日の節分に修二会結願の「鬼走り」がおこなわれる。これを追儺会といったのはあまり古くないことで、追儺はもと大晦日の行事で、修二会結願とは関係がなかった。平安・鎌倉時代には「呪師走り」（現在春日神社で三月十四日あるいは五月十一日におこなわれる三人翁を呪師走りというのとはちがう）とか「鬼走り」といわれた呪師十三手のなかの、「鬼の手」と「毘沙門の手」がのこったものである。したがって梅原猛氏の一世を風靡した『隠された十字架』（第七章「第六の答」）に、この行事を鬼（怨霊）を追い払うものと見て、「聖徳太子一族あるいは蘇我一族の怨霊鎮伏」としたのは、とんだ勇み足といわなければならない。このような誤解を梅原氏にさせたのは、法隆寺の方の説明にも罪の一半はあるのであって、「鬼走り」は呪師の散楽と舞楽の結合した結界の芸能であった。そして鬼走りの「走り」は、舞楽の術語で勇壮活潑に舞うことにほかならない。決して鬼が毘沙門天に追われて逃げ走るのではない。ただ私がここで言いたいのは、この呪師から転じた鬼役を法隆寺の東北の岡本山の住人がつとめるのは、かつて「峯の薬師」に奉仕した人々の後裔を意味するのではなかったかとおもわれることである。この鬼役はもと堂僧とよばれたとあるが、これは堂衆の誤りで、山岳修行者が大伽藍の結界に奉仕するときの身分であった。このように「山の薬師」「峯の薬師」は日本の山岳信仰、とくに修験道に密接な関係をもっていたのである。

## 四　海の薬師と常世

つぎに日本の薬師信仰には、「海の薬師」とよぶべき信仰がある。越後の有名な米山薬師なども、山の上にありながら海上航海者の目印となり、漁民の信仰をあつめた。磐城の閼伽井嶽（赤井岳）薬師堂も太平洋に面した六〇五メートルの山の中腹にあって、漁民の信仰があつい。寺は常福寺といい、旧八月十五日の縁日には、万余の人が徹夜で参籠する習俗があった。この夜龍宮から龍燈が上ると信じられていたからで、これは「海の薬師」が海の彼方の楽土（龍宮）から渡来して、人々の難儀をすくうという信仰があったことの痕跡なのである。

ここにいう龍宮とは何かということをかんがえる前に、もう一、二の事例をあげておこう。海の彼方から来たという薬師としては、京都松原通烏丸の因幡薬師がある。いまはビルの間に埋没して知る人もすくなくなったが、中世までは京都随一のあらたかな薬師如来として、病を祈る人々の夜籠りが絶えなかった。弘安七年（一二八四）には一遍上人が四条釈迦堂、市屋道場、六波羅蜜寺、雲居寺などとともに諸人群集の霊場として参籠している。因幡薬師と嵯峨清涼寺の釈迦如来と信濃善光寺の阿弥陀如来は、日本三如来といわれたのである。三如来はともに海の外から来た仏であるところに共通性がある。

日本人は古代から海の彼方から来た仏を特別に信仰するという宗教観をもっていた。これは日本人の舶来趣味や拝外主義にもつながるものがあるかもしれないが、実はそれと別な信仰パターンであることは、のちにのべるとおりである。そのもっとも顕著な事例は『日本書紀』欽明十四年の条に出る吉野寺（比蘇寺、現光寺ともいい、いまは世尊寺という）の放光仏で「河内の泉郡茅渟の海中」に流れて来た樟木をもって作った仏像であった。私はこの

賀留津の海より薬師像を引き上げる（『因幡堂縁起』）

吉野寺縁起を欽明十四年の条においた『日本書紀』の編者の意図は、仏教公伝の欽明十三年に遠慮して一年後らせたもので、実際は仏教公伝以前に流れて来たという縁起だったものとおもう。正史といわれる『日本書紀』に採用された寺院縁起のめずらしい例である。

この吉野放光仏は何仏とも明記していないので、のちには阿弥陀如来になってしまう。しかし実は観音でも薬師でも釈迦でもよかったのである。これはこの仏が仏教公伝以前だったから尊像の名称がなかったものと私はかんがえている。善光寺如来も仏教公伝のときの如来を、難波の堀江から拾ったという『善光寺縁起』は、公伝以前の仏とはいえないので、公伝のときの仏としたものとおもう。そしてこの尊像にも何仏という名称はなく、ただ「如来」であり「一光三尊善光寺如来」である。のちに阿弥陀如来となるけれども、像容は釈迦でも外の仏でもよい。

ともあれ因幡薬師は因幡の国の加留津（いま賀露の港）の海から上ったのを、因幡守橘行平が都にもちかえり、邸を寺としてこの仏をまつったのが因幡堂であったという。庶民信仰の仏の常として堂にまつられていたのを、後から高倉天皇が承安三年（一一七三）に平等寺の勅額をあたえて権威づけた。余計なことをしたものである。山陰地方にはよく海中から上ったという仏があって、伯耆大山寺の本尊地蔵菩薩も海中から美保の浦に上ったという。出雲の一畑薬師も海から上った仏で、四キロほど海岸へ下りた逆浦から一キロの赤浦薬師がその旧跡である。目の悪い人は籠堂から毎朝赤浦まで下りて、海の彼方から流れ寄る海藻をひろって、仏前に上げる信仰がある。

出雲の美保の浦（岬）は『古事記』によれば、海の彼方から少名毘古那（少彦名）の神が帰って来たところであった。この神は「療病之方」や「鳥、獣、昆虫の災異を攘」う禁厭の法を教えたので、これが日本人にとっての薬師如来の原像である。しかも少彦名の神は、海の彼方の「常世」から「帰り来る神」であり、また「常世」に去った神である。すなわち海の彼方の楽土から幸をもたらす神であるとともに、この常世こそ龍宮の原像である。なおいえばそれは日本人の浄土の原像でもあった。

「海の薬師」はこのように日本人の根元的な霊魂観、神観、他界観を、たまたま薬師如来として表出したのである。これをさながら歴史事実であるかのごとくよそおった記事が、六国史の一つ『文徳天皇実録』（斉衡三年十二月二十九日および天安元年十月十五日）に出ている。これは常陸国司の言上が載ったもので、大洗磯前の海岸で塩を焼く者が、夜半に海上にかがやく光を見たかと思うと、翌朝磯に二つの恠（怪）石が天降っていた。その形は沙門のようであったが、ただ目と耳がなかった。するとある人に託宣があって、我は大奈母知命

（大己貴命）と少比古奈命（少彦名命）であるといった、というのである。それで常陸国ではこの両神を大洗磯前神社と酒列磯前神社にまつり、「薬師菩薩神社」と名づけた。これこそ典型的な「海の薬師」である。

このことは日本海岸地方にあった現象が太平洋岸にもあったことをしめすもので、総じて日本人は海の彼方の楽土（常世）に先祖の霊がおり、子孫のためにしばしばこの国土へあらわれると信じた。この霊魂観がもとになって、海の彼方から出現した仏、あるいは「海の薬師」の信仰ができ、そうした縁起がつくられたものである。これは決して単なる舶来趣味、拝外主義でできた縁起ではない。むしろ民族固有の宗教観によって薬師信仰を日本化したもので、渡来仏信仰や、拝外主義的仏教は知識階級、文化人だけのものだったということができる。

このような目で薬師信仰を見ると、海岸地帯に薬師寺や薬師堂の多い理由がわかる。私はこの間志摩の鳥羽沖にある神島のゲーター祭の見学に行ったが、この祭は今は大晦日の夜から元日の朝にかけておこなわれるにかかわらず、もとは村の薬師堂のオコナイの結願である正月六日の行事であった。しかも薬師堂の本尊薬師如来は、海上に流れていたのを引き上げたといい、お堂も流木を上げて造ったものと伝えている。したがってこの仏は大漁を祈る仏として信仰されるので、祭の世話人は漁業組合長である。すなわちこの薬師は仏教の薬師としてよりも、常世から来た神として祭られている姿を如実に見ることができたのである。

# 山岳信仰と弥勒菩薩

## 一　中世民衆の願望

京都の愛宕山中腹にある水尾(みずお)の里にはめずらしい六斎(ろくさい)念仏がある。もとは浄土宗関係の寺院にひろくおこなわれた干菜寺(ほしなでら)系の六斎念仏がのこったものとおもわれるが、その讃(さん)に

釈迦の入日は　西に入る
弥勒の朝日は　まだ出でぬ
その間の長夜の　暗きをば
照らさせたまへ　阿弥陀尊

とある。これはおそらく平安末期の今様（流行歌）をあつめた『梁塵秘抄(りょうじんひしょう)』の雑法文歌に

釈迦の月は　隠れにき

慈氏（弥勒）の朝日は　まだ遥（はる）かなり
そのほど長夜の　闇（くら）きをば
法華経のみこそ　照らいたまへ

とあるのをもじったものであろう。この干菜寺系六斎念仏は空也堂系六斎念仏に対して、京都近郊のみならず、丹波、若狭から近江、越前、和泉、甲斐、筑前、などにもひろがった詠唱念仏で、鎌倉中期の法如（ほうにょ）道空のはじめたものといわれる（干菜寺蔵『浄土常修六斎念仏興起』）。したがってこの讃は法如道空のはじめたものかともおもわれるが、中世の民衆はこのような今様、念仏和讃によって、はるかなる未来の弥勒の救済をあこがれたにちがいない。

弥勒菩薩の信仰といえば、すぐ飛鳥仏の弥勒思惟像（しゆいぞう）から奈良・平安時代の貴族の弥勒信仰、あるいは弘法大師の弥勒信仰や、藤原道長の金峯山埋経（きんぶせんまいきょう）、などをとりあげるのがつねである。しかしいくら貴族は気が長いといっても、どうして五十六億七千万歳もののちの救済を待つ気になったのだろうか。その説明はさっぱりなされていない。

これは貴族や知識人の救済観は観念的だからで、いますぐ、あるいは明日にでもというさしせまった救済を必要としなかったからではなかろうか。もちろんそんなに長い未来は待ちきれないからと、兜率天（とそってん）へ上生（じょうしょう）しようという信仰もあった。しかし庶民の方はどうだったのだろうか。

庶民の弥勒信仰は、修験道を媒介して、永世信仰にむすびついていた。それは修験道の神仙思想である不老不死信仰とも一体化していた。修験道の理想は、山中修行によって即身成仏して、永遠の生命を獲得することであった。したがってその本尊は蔵王権現を三体立て、一体は釈迦と同体として過去の本尊、一体は観音と同体で現在の本尊、一体は弥勒と同体で未来の本尊とする。三体蔵王権現はこのように過去・現在・未来にわたる永遠の救済を表現する。したがって弥勒菩薩には長生をいのるのがつねであった。『源氏物語』の「夕顔」の巻には、山伏（優婆塞）が金峯山（大峯山）にのぼるための御嶽精進の礼拝行が出ていて、

　南無当来導師

ととなえながら、何千回となく額突きの礼拝をする。この「当来導師」というのが弥勒菩薩であるが、光源氏はこれをききながら、夕顔に永遠の愛の誓いと、弥勒の世までの長生を約束するのである。

　優婆塞が　行ふ道を　しるべにて
　　来ん世（来世）も深き　契りたがふな

長生殿の古きためしはゆゝしくて、羽をかはさむ（比翼）とは引きかへて、弥勒の世をかね給ふ

このようにして弥勒信仰は、修験道のなかで庶民にうけいれられた。この点について、従来の弥勒研究には大きな見落としがある。これは経典からの弥勒だけを弥勒信仰としたためで、わが国では日本人の民族宗教である山岳信仰を媒介しなければ、庶民のもの、のみならず日本人全体の土着の信仰とはならなかったのである。

すでに奈良時代にも、笠置山の山岳信仰が弥勒信仰であった。東大寺の実忠和尚はこの笠置山の龍穴に入って、弥勒菩薩の浄土、兜率の内院に入ることができた。このように日本人の弥勒の浄土は、われわれと地続きの山の中にあって、きわめて現実性をもっていたのである。だから「弥勒来迎図」では、弥勒菩薩は聖衆とともに重畳たる山の中から来迎する。そしてこれは日本の阿弥陀の浄土においてもおなじで、「山越の弥陀」来迎図のように、山の彼方から来迎する。これは阿弥陀浄土も弥勒浄土も山岳信仰を通して、日本人の浄土観になったことをしめしている。

このようなところから、日本人の写経は多く山の頂上や、山中の聖地に埋納される。古代にも中世にも、そうした山岳埋経のおこなわれた遺跡は無数に発見されている。弥勒といえば誰でも引き合いに出す藤原道長の金峯山埋経も、吉野修験の聖地である金峯山の「宝塔」に埋納された（『御堂関白記』寛弘四年八月十一日条）。ここは吉野修験の発祥であった安禅寺の宝塔で、三体蔵王権現がまつられていた。これが山下へおりていまの吉野蔵王堂（金峯山寺本堂）の三体蔵王権現となり、大峯山上ケ岳（一七一九メートル）にあがって山上本堂三体蔵王権現になった。したがって道長の埋経はその根本聖地に対しておこなわれたのであるが、この埋経はのちに山伏によって金峯山、山上ケ岳頂上の涌出岩にはこぼれて埋納されたらしく、発見されたのは涌出岩の横からであった。

## 二 黄金の国、ジパング

吉野金峯山の名は平安中期には大峯金峯山となって、『扶桑略記』の天慶（てんぎょう）四年（九四一）の条にあげる『道賢上人冥途記（どうけんしょうにんめいどき）』では、蔵王菩薩の金峯山浄土とされるようになる。ここも黄金の山と信じられたが、根本聖地である吉野金峯山こそ「金の峯」あるいは「金の御嶽」であった。

これでわかるように、弥勒の浄土は黄金と密接な関係がある。阿弥陀如来の浄土は宝楼閣や宝樹、宝池などで荘厳（しょうごん）されるけれども、黄金を敷くことはない。ところが弥勒の浄土は黄金を敷くことが一つの条件であったところに、現実の富の救済がこの菩薩に付加されるもとがあった。中世に弥勒が「世直し」の仏と信じられたのには、もう一つ別の要因があるが、この黄金をもたらす仏ということも要因の一つである。

吉野金峯山が実際に黄金を蔵するから、弥勒の浄土になったのか、弥勒浄土の信仰があったから、黄金の山になったのかは、にわかに決定しがたい。むしろそれよりも『万葉集』（巻十三）に吉野の「御金（みかね）の嶽（たけ）」をよんだ長歌に、

み吉野の　御金の嶽に　間無くぞ　雨は降るとふ　時じくぞ　雪は降るとふ（下略）

とあり、その反歌に

み雪ふる　吉野の岳に　ゐる雲の
外に見し子に　恋ひわたるかも

とあることに注意しなければならない。これは死者の霊が吉野の岳にゆくことをふまえて、吉野の岳の雲を見て死んだ恋人を恋うる歌となっている。ということは、山の金の信仰は死者の霊が「光るもの」であり、山に帰るものである、という霊魂信仰と他界観念からできたものということをしめすからである。

しかし平安時代から、あるいは奈良時代から、この山には黄金があると信じられた。それは『扶桑略記』（天平二十一年）に「或記に曰く」として出典はあきらかでないが、

東大寺大仏の料に、黄金を買はんがために、遣唐使を企つ。然るに宇佐神宮託宣して曰く、此の土より出づべしと。世伝へて云ふ。天皇使を金峯山に差はす。黄金の出づるを祈らしむる時、託宣して云ふ。我が山の金は、慈尊（弥勒）出世の時、取り用ふべし。（下略）（原漢文）

とあり、そののちいろいろの説話にかたられて常識化した。そしていつの間にか吉野金峯山には黄金があると信じられ、平安末の『宇治拾遺物語』（巻二）の「金峯山薄打の事」では、京都七条に住む金薄打ちの職人が、金峯山で金塊をひろい、それを七、八千枚の金薄に打って一儲けしようとして、神罰があたった、という話になった。

　しかし黄金の話というものは、とかく尾鰭がついて大袈裟になるものである。その結果、日本では弥勒出世のとき、黄金を地に敷き、屋根も壁も黄金でつくられるという話が、中国にも伝聞されたものと、私は想像している。この伝聞以外に、マルコ・ポーロが『東方見聞録』に、ジパングは金で鋪装され、金で葺かれ、塗られていると書いたニュースソースはかんがえられない。ただこの伝聞では「弥勒出世の時は」という条件文が脱落していたか、あるいはマルコ・ポーロが話を面白くするためにわざと落としたかのいずれかである。

　この伝聞がもたらした世界史の結果は、私が説明する必要はなかろう。私はかつてコロンブスの新大陸発見は、日本の弥勒信仰に関係があるのではないかという、「マルコ・ポーロ風の法螺」を放送したことがあるが、たとえこれが法螺に終わるとしても、マルコ・ポーロと一緒に世界史的法螺がふければ、まず幸福というべきだろう。

　しかし金峯山はしばしば中国人の興味をそそったらしく、後周（九五一—九六〇）の時代に書かれた『義楚六帖』（巻二十一、日本国の条）にも、この山の女人禁制と重い精進を書き、

> 曾て女人上るを得たること有らず。今に至りても男子上らんと欲すれば、三月酒肉欲色を断つ。求むる所皆遂ぐと云ふ、菩薩（金剛蔵王）は是れ弥勒の化身なること、五台の文殊の如し。（原漢文）

とのべて、ここが弥勒の聖地であることは知られていた。またわが国の民謡「会津磐梯山」は

> 会津磐梯山は　宝の山よ
> 笹に黄金が　なり下る

とうたっているが、これはもっと古い「玄如節」から出ており、おそらく弥勒出世の世直しのときは、笹に米がなるばかりでなく、黄金もなるだろうという、饑餓農民の願望をうたったものと想像される。

というのは関東地方におこなわれた弥勒踊りの「弥勒謡」では、世直しの「弥勒の船」には、伊勢や春日や鹿島香取の神がのりこんで、金と米を撒くということがうたわれているからである。

世の中は　万劫末代　弥勒の船が　続いた。
艫舳には　伊勢と春日　中は鹿島の　お社、
（中略）
一たびは　参り申して　金の三合も　撒こうよ
金三合は　及びもござらぬ　米の三合も　撒こうよ

などとある。このような農民の願望は、室町時代には弥勒私年号となって、しばしばあらわれた。『会津旧事雑考』ではすでに承安元年（一一七一）にもあったというが、実際には室町時代に集中しており、文安三年（一四四六）、享徳四年（一四五五）、延徳二年（一四九〇）、永正三年（一五〇六）、天文九年（一五四〇）などに、弥勒や命禄、身禄の私年号がもちいられた。これらは総じて饑饉凶作の年であるから、「弥勒の世」の出現をのぞんで、農民や山伏が勝手に年号を変えたのである。それは供養板碑や、過去帳や巡礼納札にもちいられた。

その中でとくに長野市松代町皆神山の熊野神社の金剛界大日、胎蔵界大日、阿弥陀如来の三体の坐像の台座裏の弥勒二年は永正四年で、施主の「祝家吉、生年七十二歳」なるものは、家系図によって、神主にして修験を兼ねていたことがわかる。彼は、信州埴科郡英田庄東条の群神山（皆神山）大日寺弥勒院と熊野神社の双方を管理していた。このように室町時代の弥勒私年号は農民と山伏によってもちいられたもので、弥勒信仰の伝播者は修験であったということができよう。

なおわが国の弥勒信仰のもう一つの要因に、海の彼方の楽土、ミイルクあるいはミイラク（五島列島には三井楽（みいらく）の港がある）が想定される。これが沖縄の海の彼方の楽土、ニライカナイと類似し、これと共通の海洋他界にトコヨ（常世）またはネノクニ（根の国）があったことによるものとおもわれる。すなわちミロクとミイルク、ミイラクとの類似が常世から来訪する祖霊に弥勒を重ね、祖霊の恩寵を弥勒の恩寵としたのであろう。

# III

# 遊行者の仏教

# 巡礼・遍路の信仰と歴史

## 一　神の遊幸と巡礼

巡礼という宗教現象は日本だけのものでないことは、キリスト教徒のエルサレム巡礼、マホメット教徒のメッカ巡礼を見てもよくわかる。そうはいってもヨーロッパの巡礼がいかにすさまじいものであったかを、私も近年の旅行で知ることができた。

中世はいわずもがな、現代でもヨーロッパの巡礼はさかんである。私が会ったアンドレ・エーム神父（トルコ系フランス人）は、アラブ紛争解決の祈りといって、徒歩でエルサレム巡礼をする運動を続けている。中世にはエルサレム巡礼に代わる巡礼地として、ヨーロッパ中から巡礼者があつまった北スペインのサン・ティアゴ（サン・ジャック・コンポステル）へは、今日もロンドンから毎日の航空便、パリから週二回の航空便があるほど人があつまる。南フランスのルールドも十九世紀半ばのマリア出現以来、もっとも人気のある巡礼地で、私が行った日にも一万人以上の行進を見ることができた。

こうした事実は、宗教の本質に、巡礼によって表現される何物かがあることをおもわせる。そこには世界共通の「巡礼の原理」とでもいうべきものがあるとおもわれるが、キリスト教の場合はジョナサン・サンプションの言うところでは、キリストとセイントの墳墓崇拝と、その遺物崇拝および奇跡信仰がその原理だという（『巡礼―中世宗教の一面』一九七五）。そしてその目的は懺悔贖罪と病気平癒の祈願が多かったとある。このような分析は、日本の巡礼と遍路をかんがえる上にも興味のあることで、病気平癒と懺悔滅罪の巡礼・遍路はたしかに日本にも多かったのである。

しかしヨーロッパの場合は、宗教裁判で巡礼贖罪が課せられた場合は記録にのこるが、日本ではそのようなことがない。自発的な罪の意識でひそかに巡礼・遍路に旅立ち、そのまま故郷へ帰らない場合が多く、行き倒れても郷里へ通知しないでよいという但し書き付きの通行手形をもっている。いわゆる「捨て手形」である。それは行き倒れた村々の庄屋の御用控えにのこる程度で、ほとんど知られることがない。近世社会経済史の研究者はこうした御用控えを見る機会も多いのだが、歴史を搾取とこれに対する農民の抵抗とする歴史観をすてないかぎり、こうした巡礼者にあたたかい眼をそそぐことはできないだろう。

巡礼は人間の「物の歴史」に対して「心の歴史」の一面である。大部分の庶民は政治史の権力闘争や、権力者の搾取をよそに、営々とはたらきながら「心の歴史」を築いて来た。「心」だけは誰も犯すことができなかったからである。その「心の歴史」の一面は、村々の辻や路傍や広場に立てられた巡礼碑がものがたってくれる。西国三十三観音巡礼碑が多いのは当然だが、東国では坂東三十三観音巡礼碑や、西国・坂東・秩父百観音巡礼碑が多い。それに四国八十八ケ所霊場巡拝碑、出羽三山登山碑、金毘羅大権現、秋葉・愛宕大権現巡拝碑もすくなくない。そしてもっとも多いのは大乗妙典六十六部日本回国碑であって、どこの生国のものがどんな事情で回国に出たのかはわからないが、最後はその村に終焉の地をもとめて、特定の病気を治す誓願をのこして死んだ者が多い。

また熊野詣も一つの大きな巡礼運動であった。従来は熊野詣といえば上皇方の熊野御幸ばかりが話題になり、「蟻の熊野参り」は踏みつぶしてもよいように、庶民の熊野詣は相手にされなかった。まことに片手落ちな歴史であり、宗教観であった。むしろ貴族の熊野詣は、庶民の熊野詣に触発されて模倣したものだという歴史観が必要なのである。しかもこの熊野詣には、世の中でもっともめぐまれなかった癩病者を救うという、貴いヒューマニズムの発現があったことも注意しなければならない。

私は宗教というものは本来、遊行であり放浪であるとおもっている。それは一種の隠遁であり、サンプションのいう遁世（the rejection of the world）である。その対極として一所定住の修道院や僧堂があるが、雲水は僧堂と放浪の両極を実践するところに、現世拒否の最高の姿勢が見られる。一遍の宗教も遊行の中でこそ生きているのであって、その後継者たちが一寺に独住すれば、その宗教は死んでしまう。

もともと神そのものが遊行し放浪したのである。ことに日本では神像のような偶像がなかったから、神は御杖代とよばれる巫女や聖に憑依してあるいた。これを神の遊幸というが、この形態は現在でもイタコが霊の魂筥をもってあるくことにもつながっている。たとえ神籬や磐境のような聖なる木や石があっても、神はそこに常在することなく、斎庭に招かれたところに降臨するものであった。また神の遊幸は御杖代となる巫女や聖の託宣によるもので、奉ずる神の神意にしたがって移動したのである。

たとえば伊勢の天照大神は清浄なる皇女を御杖代としたので、はじめ崇神天皇の皇女豊鍬入姫命に憑依し、のちに倭姫命に代わった。したがって姫は神の託宣にしたがって大和笠縫邑を出てからは、宇陀の篠幡から丹波吉佐宮、大和伊豆加志本宮、紀伊奈久佐浜宮、吉備名方浜宮、大和弥和御室嶺上宮などとめぐり、やがて伊賀、近江、美濃の各地をへて尾張から伊勢にうつった。伊勢も桑名野代宮、阿佐加藤方片樋宮、飯野高宮、伊蘇宮を転々として、ようやく五十鈴川上の現在地に鎮まったというのである。これを歴史地理学的に確かめることは困難であるが、天照大神が巫女に憑依して遊幸したと信じられたことはまちがいがない。

おなじように大師信仰のなかの弘法大師も、霜月大師講の夜は信仰者の家々をおとずれると信じられた。また四国八十八ケ所遍路も、弘法大師遊幸の跡をめぐるという信仰に支えられている。このようなところから弘法大師像を船にのせて海岸をめぐってあるく大師信仰が北九州にあったということであるが、私はまだ実際を調査していない。しかし弘法大師像をえがいた幡を先頭に立てて、岡山県（美作）真庭の八十八ケ所をめぐる大師講については、かつて報告したことがある（『日本民俗学大系』第八巻、拙稿「仏教と民俗」）。またおなじ報告のなかで、私は茨城県旧潮来町の古高大師堂の大師巡りについてものべた。この大師堂の大師像は、村々の信者の背に、代わる代わる負われて、村から村へとめぐってあるき、信者の家の縁先で供養をうけながら三ヵ月間遊幸する。その信者の増加にしたがって一体の大師像では信仰需要に応じきれないため、いまは三体になって、一体は茨城県内、一体は栃木県方面、一体は埼玉、群馬県方面をめぐる。私もこの移動する信仰集団の後からついてまわって、その実態を見たことがある。このように巡礼というものの起源は、まず神々の方から子孫や信者のあいだを巡ることからはじまった。ということは神の憑依者である宗教者の遊行、放浪が巡礼の最初の形態であったからである。

## 二　滅罪巡礼と熊野詣

日本においても巡礼が滅罪の目的でおこなわれたことは多くの例証がある。現在では巡礼は観光を兼ねた旅行とおもわれているけれども、中には「罪ほろぼし」を意識した巡礼者を見ることができる。かつてある教団の管長が株式投機で教団財政に損害を与えた罪ほろぼしのために、四国遍路をして話題になったことがある。国鉄機関士で定年後に遍路をする人が多かったというのも、飛び込み自殺者への罪ほろぼしのためであろうといわれている。戦後の国鉄ではかんがえられないことである。今日でも四国の札所には「○○よ帰れ、事件は解決した、皆待っている」という貼り紙(はりがみ)をしばしば見るのも、観光でない遍路のあることをものがたっている。

したがって滅罪の巡礼というものは苦痛を覚悟でおこなうもので、その苦痛が大きければ大きいほど、大きな罪が早くほろび、その代償として健康と長寿と幸福がえられるものと信じた。熊野詣などもそのような目的でおこなわれたもので、熊野詣についてのもっとも古い記録である『いほぬし』（『群書類従』紀行部所収）には

> いつばかりの事にかありけむ。世をのがれて、心のままにあらむと思ひて、世の中にきき（聞）ときく所々、をかしきを尋ねて心をやり、かつはたふとき所々拝みたてまつり、我身の罪をもほろぼさむとする人（増基法師）有りけり。いほぬしとぞいひける。神無月の十日ばかり、熊野へまうでけるに、（中略）かくて社々（九十九王子）にさぶらひていのり申すやう、この世はいくばくにもあらず。水のあわ、草の露よりもはかなし。さきの世の罪をほろぼして、行末の菩提をとらむと思ひ侍る心ふかうて、（下略）

とあるのは、現世の罪業も前世の宿業もすべてほろぼすのが熊野詣であったことをあらわしている。この『いほぬし』は十一世紀半ば、永承年間の増基法師の熊野詣の紀行と推定されるもので、まだ白河上皇の熊野詣はおこなわれなかった。『土佐日記』に次ぐ古い紀行文学で、増基はみずからを「いほぬし」とよんでいる。そして熊野詣は滅罪の巡礼であるとしているが、これは巡礼の苦行によって来世の堕地獄の苦を果たし、往生をたしかにするとともに、現世では寿命長遠となり、富貴がえられるという熊野信仰を背景としている。その苦行

の誠心を確認し、往生を確証するのが熊野本宮の阿弥陀如来だと信じられ、そのために本宮を証誠殿という。

熊野詣がいかに罪と穢れをほろぼす苦行であったかは、まず前行の「熊野精進屋」の参籠潔斎から、道々の業障懺悔の垢離取りの厳しさがこれをあらわしている。そして最後は音無川を徒渉して、旧社地の証誠殿へ「ぬれわらじの入堂」をし、そのまま夜を明かしているあいだに、阿弥陀如来から往生決定の託宣をえようとした。栗田勇氏の『一遍上人』には本宮旧社地へは渡し舟に乗ってゆくと書いているが、この音無川は幅十数メートルほどの浅い川である。私などは昭和十五年ごろ靴を脱いで、脛ぐらいまでの水を徒渉したが、江戸時代には橋がかけられて「ぬれわらじの入堂」の意味がわすれられた。現在はこの川には平生まったく水がない。

日本民族の罪業観は、仏教の輪廻による前世の罪業や、キリスト教の原罪などとちがって、自分が犯した罪もしくは、無意識のうちに犯した穢れ、あるいは父母や先祖の犯した罪の報いとして、現世に不幸をうけるという因果応報の罪業観である。この論理を逆にすれば、不幸をさけるためには、その罪業をほろぼせばよいのであって、そのための滅罪の方法の一つが巡礼であり熊野詣であった。その結果として来世には悪趣（地獄）に堕ちずに往生し、現世には福と寿をうける。この二つが熊野詣の目的であったので、中世の説経「小栗の判官」には、熊野本宮に詣でたものは、杖を二本買って一本は熊野川へながし、一本は杖について故郷へ帰る。

> 一本はおとなし川に流すれば、死して後めいど（冥途）におもむく時に、弘誓の船とうかぶ也。
>
> 又一本つきてふもとに下向ましまさば、侍ならば所領を得る。なんぼう目出度き此つゐ也。

とあるように、現当二世の幸福が約束された。ここに杖というのは卒塔婆の原始形態で、一本は滅罪の卒塔婆流しであり、一本はそれを熊野の神（本地阿弥陀如来）の分霊の依代として奉じてかえったもので、さきにのべた御杖代にあたると解釈できる。熊野詣に比較的知られることのなかったのが癩者救済である。現代では医学の勝利で、この不治とおもわれた病気が治り、その病原は細菌であることがわかった。しかしそれまではこの病気は天刑病といわれて、先祖の罪の因果が子に報いたと信じられた。したがって滅罪によって病気の治癒をねがうとともに、死後の安楽を得るために巡礼や遍路に出た。一方では遺伝を信じる社会からの逃避もあったが、信仰だけがこの不治の病者の心の支えだったことはたしかである。最近まで四国八十八ヶ所の遍路にも、この気の毒な人々が見られたという。これを公然と救済したのが一遍の時衆教団であったが、その高い宗教的精神を知らずに、僧尼共住集団であった時衆を、愛欲集団のように興味本位に書くものがあるのは、まことに遺憾である。

『一遍聖絵』を見ると一遍の行くところ、かならず乞食と癩者の群がついてまわっている。興正菩薩叡尊の癩病救済とちがって、いたるところで多数の癩者が時衆とともに移動巡礼したのである。これは時衆への莫大な布施の食料を頒けたことにもよるであろうが、癩者と乞食への布施物もすくなくなかったからであろう。このような布施も罪ほろぼしと信じられていた。そして時衆が熊野を本拠として勧進活動をするようになると、熊野が癩者救済の浄土と信ずる信仰が成立し、九十九王子の険難を越えて土車にのったり、躄りながら本宮へあつまった。ことに本宮の湯の峯は癩病の治る温泉として知られるようになり、これを説経するのが五説経の一つ「小栗の判官」であった。すなわち癩病となって地獄から蘇生した小栗判官正清は、藤沢の遊行上人と照手姫の助けで土車に乗せられ、熊野湯の峯の壺の湯に入って全快したという説経である。そのために西熊野街道は、小栗街道とよばれるようになった。しかもこの街道では癩者が土車にのって道傍におれば、誰彼なしに熊野の方へ引いてやったので、いつの間にやら熊野へ着いたという。山坂道になれば土車ごとかついでやる人もおったのであろう。これはきわめて功徳の多い信仰的行為（作善）であるとして、

> 此くるまを曳くものは、一曳引けば千僧供養、二曳引けば万僧供養に成べし

と「小栗の判官」にある。巡礼者のあたたかい心のあらわれとおもわれる。

## 三　回国聖と巡礼・遍路

巡礼のうちで滅罪巡礼の信仰のもっともつよいのが、六十六部回国であった。これは奈良時代から平安時代にかけての法華持経者の回国である。すなわち滅罪経典である法華経を如法に写経して、その一部ずつを日本六十六ヵ国の一之宮に納経するための回国であった。規模からいっても日本全土におよぶ大きな巡礼であり、納経するのも神社であるという点で、もっとも特色のある巡礼である。一遍の遊行もこの回国を念仏によって果たそうとしたものらしく、多くの諸国一之宮を訪れて、その境内で踊り念仏をともなう別時念仏会(べつじねんぶつえ)をもよおしている。

六十六部回国聖は、鎌倉期以降は経聖(きょうひじり)とよばれている。『嘉元記』の康永(こうえい)二年(一三四三)条には

　四月十日、於二龍田宮一六十六部如法経供養在レ之、経聖乗(ママ)弟子、舞楽供養也

とあり、また、永徳(えいとく)四年(一三八四)に鎌倉鶴ケ岡八幡(はちまん)へ聖源房という経聖がおさめた金銅納札がのこっている(『大日本金石史』三)。このようにして法華経一部八巻を納経する代わりに、納経札を一枚納めるだけの納経にかかわった。この金銅納札は室町時代には木札から紙

札にかわり、これを社寺の柱に貼るのを「札を打つ」といったが、いまはその納札すらもおさめずに、納経帳に判だけをもらってあるく。それも般若心経一巻を読経することもなく、バスを待たしての集印帖判集めになっている。

しかし私の調査した中世の回国聖は、天文四年（一五三五）の奥書のある但馬出石町総持寺千手院本尊の胎内勧進奉加帳に

本願　六十六部十穀　西林坊

脇本願　菊蔵、智善、聖行徳

とあるように、十穀聖（木食）で六十六部回国をする者があった。この回国聖の西林坊はこの土地で勧進活動をして千手観音を造立するが、この勧進に木食上人であることや、六十六部回国したという履歴が人々の信用を博したことであろう。この伝統は近世末期の木喰行道の六十六部回国にまで及んでいる。

江戸時代には本当の信仰から出た六十六部もないではなかったが、多くは故郷に住むことのできない罪をもった者が回国に出たといわれる。これはまったく乞食の放浪者であったが長年の放浪の結果、ある者は法力を得て人の病を治したり、予言や卜占をするようになり、信者ができると一ヵ所に定着した。多くは村の地蔵堂や観音堂に住みこみ、「日月晴明、風雨順時、大乗妙典六十六部回国供養塔」という石塔を立てて、村人の祈禱や悩みに応じなが

ら一生を終わった。これはかくれた庶民信仰の歴史であるが、従来まったく放置されていた部分である。しかしちかごろはこれに注目する郷土史家も各地に出てきたので、近世の回国者の実態があきらかにされる日が来るであろう。

私も六十六部回国聖ですぐれた神像仏像の彫刻をのこした木喰行道の生涯を『微笑仏』(昭和四十一年淡交新社刊)に書いたことがあるが、彼も回国の苦労をかさねるあいだに心境は高まり、信仰は深まり、やがて晩年には悟道の境地に入ってゆく。一般にこの木喰行道を「木喰」とよぶ人が多いけれども、これは五穀や十穀を断つ「木食行」を一生のあいだにしたことのある修行者の普通名詞である。行道は「木食」の食に口篇をつけた署名が多いのが一つの特色であるが、もちろん口篇のない「木食」もつかっている。遊行回国して彫刻をのこした「木喰」の本名は「行道」であって、これが彼の出家したときの戒名である。この行道を「修験木喰」と書く人もあるけれども、正しくは「回国聖木喰行道」というべきであろう。

この行道を最初「木喰」といったのは柳宗悦（やなぎむねよし）氏で、そのころはまだ木食というものの実態がわからなかった。しかし現在では木食行の内容も歴史もよく分かるようになったし、行道の事績やその信仰内容もほとんど明らかになっている。そしてこれは古代以来の遊行回国巡礼の伝統が、近世末期に無知な一遊行者にあらわれた、貴重な事例の一つである。

私は奈良時代以前には、海洋宗教としての「辺路修行」という遊行形態があったものと信じているが、これが山岳宗教に吸収されて、熊野詣や三十三所巡礼になったのが平安時代中期である。ことに三十三所は奈良時代以前の長谷寺の開基、徳道上人開創説があるけれども、平安中期の天台宗寺門派の修行者、行尊や覚忠の巡礼記（『寺門高僧記』所収）がのこっていて、寺門派の山岳修行者によって開かれた可能性がつよい。これは平安時代の三十三所の結願寺が三室戸寺（御室戸寺）であったことにもうかがわれ、この寺は寺門派の重鎮で三室戸僧正とよばれた隆明僧正の寺である。

四国八十八ケ所遍路もその起源は平安時代にさかのぼる。従来室町時代起源説が一般的だったが、平安末期の流行歌（今様）をあつめた『梁塵秘抄』には「四国の辺路」が出る。

　我等が修行せしやうは、忍辱袈裟をば肩にかけ、又笈を負ひ、衣はいつとなくしほたれて、四国の辺路をぞ常に踏む

という今様がそれで、「へぢ」とよむ。これを佐佐木信綱博士の校訂本では「遍路」としているが、これは「辺路」の方が正しいことは、『今昔物語』（巻三十一）に

　通㆓四国辺地（路）㆒僧、行㆓不㆑知所㆒、被㆑打㆓成馬㆒語、第十四

という説話があるので証明できる。これに

四国ノ辺地（路）ト云ハ、伊予讃岐阿波土佐ノ海辺ノ廻也

とあるので辺路の意味はあきらかである。熊野詣にも大辺路、中辺路、小辺路があるが、これは「海辺の廻り」である大辺路が最初の「辺路修行路」で、のちに熊野三山修行路に移って、中辺路、小辺路ができたものとおもう。すなわち四国でははじめは主として海辺をめぐりながら苦行した辺路修行が、やがて弘法大師信仰とむすんで八十八ケ所霊場となったものである。そしてその普及には高野聖の介在があって、弘法大師とともに遍路する同行二人の信仰ができ、これに滅罪や通過儀礼の信仰が加わっていったものということができる。このように見ると、四国も西国も、巡礼には苦行性がつよかったことがわかるのである。

西国巡礼の花山法皇開創説もかなり有力であって、のちに熊野那智（如意輪堂）が一番になるのはこの伝承のためである。すなわち花山法皇は那智千日籠り（せんにちごもり）ののちに、三十三所巡礼をしたと信じられたからであるが、花山法皇のころはまだ三十三所が今日のように揃（そろ）っていなかったであろう。しかしこの信仰のために那智には、平安時代のような苦行巡礼の形態が江戸時代初期までのこり、三年間休むことなく三十三所を巡る「巡礼行者」なるものが存在した。このように三十三所巡礼は本来は専門の修行者の苦行巡礼であったが、その功徳の大きさや西国が文化中心であったために、俗人の旅行的巡礼が南北朝時代からはじまり、室町時代には陸続（りくぞく）として巡礼がめぐり歩いたことが『竹居清事（ちつきよせいじ）』（慧鳳禅師語録、享徳三年）に出ている。この中の一節に

永享上下の交、巡礼の人、道路に織るが如し。関市相望み、小簡に某土某人三十三所巡礼の字を書し、之を仏宇に貼る

とある。今日の俗人巡礼はこのころからはじまったと見てよいであろう。

# 遊行・放浪の仏教

## 一

私が江州永源寺僧堂のSさんと知り合ったのは昭和三十七、八年のころ、姫新線の車中で偶然同席したときであった。雲水で放浪の旅をつづけているというので、いまどきめずらしいと思った。京都市内をときどき托鉢する形だけの雲水とちがうのがたのもしかった。それ以来旅中からの便りをしばしば受けたが、それから十二、三年で放浪を止めて僧堂に落着いたという葉書をもらった。昔は一寺を持つにしても、それまではこのように遊行、放浪の生活をして、これを修行と称していたのである。

習慣というものはおそろしいもので、われわれはお寺に本堂や庫裡があって、住職がそこを住所にしている現在の仏教をあたりまえとおもっている。そして寺なしで放浪する僧侶があれば、それを変わり者としたり、たのもしいとおもったりする。しかし仏教というものは本来、放浪托鉢の宗教であることは、いわれれば成程、とおもうほど、誰でも知っていることなのである。

頭陀行といい、抖擻行といい、僧の本来のあり方は乞食と放浪であった。安居九十日をのぞいては一所不住である。放浪生活なるがゆえに、家や財物や家族への執着からはなれることができる。「本来無一物」は禅僧の墨跡のためにあるのでなくて、放浪の比丘の実践を指す言葉であった。

キリスト教は一所定住を重んじ、この戒律が中世の修道士たちを規制した。ところが日本では宗教者は本来放浪者であった。私は日本の「放浪の仏教」はインドの原始仏教での頭陀行よりも、日本の原始宗教における神の遊幸が根底にあったものとかんがえている。日本で放浪の仏教を担ったのは遊行の聖たちである。かれらは勧進聖とよばれ、遊行聖、高野聖、阿弥陀聖、回国聖とよばれ、あるいは修験、山伏(山臥)とよばれて諸国を放浪し、日本全土、津々浦々に仏教をひろめた。そのときかれらはかならず笈を背負い、そのなかに不動、薬師、弥陀、地蔵、弘法大師、種々の名号などの本尊を入れてあるいた。これは日本の原始宗教者が神を奉じて遊幸した姿なのである。

もともと「ひじり」というのは仏教から来たのでなくて、日本の原始宗教者を名づけた言葉である。『古事記』『日本書紀』では「聖帝」とか「神仙」というふうに出て来るので、完全無欠な人格や神格をさすようにおもわれている。

しかしこれは支配者の編纂する史書が中国の思想にしたがって、聖の文字をあてたまでで、日本の「ひじり」と中国の「聖」はちがう。したがって「ひじり」を聖僧とするのは、大陸文化至上主義のいままでの史観のあやまりであって、この史観は支配者の文化にはあてはまるけれども、文字をもたなかった庶民の文化にはあてはまらない。おなじように仏教といえばインドの仏教しかないとかんがえ、せいぜい譲歩しても中国や朝鮮の仏教までとおもっている仏教観は、日本の庶民の仏教にはあてはまらないのである。

「ひじり」は『古事記』では「御火焼の老人」の名があるように、神聖なる火を絶やさぬように管理する人である。すなわち古代では聖火の管理者が神をまつる原始宗教者であった。「しり」は「しらす」とか「しろしめす」という敬語のもとになる「しる」の連用形で、「ひしり」は火を統べるものである。これをいまにつたえているのが、羽黒山伏の最高位をしめす松聖＝松明聖で、毎年大晦日に松明に聖火を鑽り出す山伏であったとおもわれる。ところがこの「ひじり」が聖の字をあてて文献に姿をあらわすのは、奈良時代からで、とくに『日本霊異記』は全巻聖の仏教、すなわち放浪の仏教をテーマとしている。

## 二

そこでまず、日本の原始宗教者の放浪についてすこし見ることにしよう。そのもっともよい例は伊勢神宮の奉斎であって、これを大和の笠縫村から伊勢の五十鈴川上にうつした倭姫命は、大和から丹波へ、また大和へもどり、紀伊、吉備へ出て、伊賀の隠（名張）、穴穂から近江の甲賀、坂田とうつって、美濃、尾張をへて伊勢へ入った。伊勢でも各地を移動して五十鈴川上に鎮まったのであって、『倭姫命世記』にしるす通りでなくとも、神をまつる巫女は、神を奉じてつねに遊幸するものであったことがわかる。

神を奉じて遊幸する巫女は、中世になると、熊野の神霊を奉じて遊行する熊野比丘尼や、白神を奉ずる白比丘尼（八百比丘尼）、あるいはイタコや瞽女になった。このような遊行女巫（『万葉集』では遊行女婦と書いて「うかれめ」とよむ）は、神や仏の本地、霊験、縁起を祭文あるいは説経としてかたり、信仰をすすめてあるいた。それがいまはイタコがオシラ祭文をかたって、死霊の口寄せをし、瞽女が説経の段物（祭文松坂）や口説をかたることにのこっている。

このような形は男性の遊行者でもおなじで、伊勢の御師あるいは熊野の御師も全国をあるいて、神明社や熊野社を各地に奉斎した。御師と一対をなす山伏はその神の本地仏を笈に入れて、その功徳を説いてまわったもので、その唱導が本来の説経である。説経はやがて芸能として独立し、説経浄瑠璃と説経祭文となったが、その浄瑠璃かたりも祭文がたりも放浪者であった。祭文がたりが江戸時代中期からチョンガレとなり、明治初年に浪花節となったが、その語り手が放浪者であったことは、記憶にあたらしい。

社寺の縁起や霊仏・霊社の霊験をかたって奉加をすすめてまわったのは、勧進聖である。それはいまの説教のように理屈っぽいものでなく、卑近な因縁話や「くどき」を語りながら仏教の信仰をすすめた。その古代の典型的な台本が『日本霊異記』であって、この説経の種本はくわしくは『大日本国現報善悪霊異記』と名づけられ、仏教を信じて作善をするもののうける功徳と、仏教を信じないで因果を無視するもののうける悪報をといている。

『日本霊異記』は放浪の仏教、あるいは「聖の仏教」が、正しい仏教であると宣言した最初の本である。これに次いで『三州俗聖起請十二箇条事』があるが、霊異記は行基聖の仏教こそ真実の仏教であるとし、行基は「化身の聖、隠身の聖」であるとたたえている。また霊異記の著者、景戒は巻末に自伝をのせて、自分は延暦十六年（七九七）に薬師寺僧として伝燈位を得たものであるが、私生活においては俗家に住んで妻子を蓄え、馬を飼い百姓をしている。ところが自分の家の前に鏡日という沙弥が乞食に来て、教化（説経）した。なぜ乞食するのかと聞いたら、子供がたくさんあるのに食物がないから、人の門に立って教化して乞食するのだとこたえたという。

このように聖たちはいずれも半僧半俗だった。しかしここで景戒は反省して、自分は薬師寺僧として形ばかりの受戒をして一人前の僧侶面をしているが、沙弥鏡日はわざと受戒せずに沙弥のままで乞食している。これこそほんとうの観音の化身の菩薩である。なぜかといえば、観音もわざと仏にならずに菩薩でいるからだとのべている。これは行基の弟子の沙弥や優婆塞は、六十歳をすぎれば形式的な受戒をして比丘（沙門）を称したことをしめしており、これを潔しとせずして沙弥のまま遊行乞食する沙弥鏡日のようなものもいた。景戒はつい誤って受戒して「薬師寺沙門景戒」などと名乗っているけれども、聖の根性をつらぬいて、沙弥のままで遊行乞食する鏡日こそ、立派なものだとほめているのである。

## 三

『日本霊異記』はまた面白い話をのせている。それは行基は大僧正になる前までは沙弥であって、沙門でも比丘でもなかったというのである。これは一般に行基は薬師寺沙門であり、法相の学者であるという説と矛盾する。しかしそれはともかく「沙弥行基」は、民衆から「菩薩」とよばれたという意味も、さきの沙弥鏡日の話を見ればよくわかる。行基も最後には聖の根性をつらぬくことなしに、薬師寺沙門となり大僧正位をもらうが、これは国家が大仏勧進に彼を利用することを知りながら、思うところあって受諾したものであろう。

ところで行基が大僧正に任ぜられた天平十六年（七四四）十一月のこと、当時「智恵第一」といわれた元興寺の沙門、智光がこの処遇に異議をとなえたというのが、この話の発端である。

吾は是れ智人、行基は是れ沙弥、何の故に天皇、吾が智を歯（ならべほめる）せずして、唯、沙弥を誉めて用いるや。

といったとあるので、このとき行基は一沙弥だったことがはっきりわかる。これは行基に心酔して、行基こそ真実の仏教の実践者とする『日本霊異記』ののべるところだから、まちがいはない。ところがまもなく智光は頓死して閻羅王の使いの鬼に引き立てられることになる。ところが地獄へ行く途中に金の楼閣が見えるので、鬼にあれは何の宮殿かと問うと、あれこそ日本にその名もかくれなき行基菩薩の来生したとき住むための宮殿だと答えた。いよいよ智光は地獄に着いて焦熱地獄や等活地獄の責苦に会い、三日たって蘇生させられた。そのとき鬼が、智光を地獄によんだのは行基菩薩を誹謗した罪を滅ぼさんためであるから、もう帰ってもよろしい、といったという。

この話はもちろん唱導のための寓話である。しかしこれを説経する聖たちは、沙弥行基の仏教こそ真実で、沙門智光の経典と戒律と伽藍の仏教は偽物である。したがって、地獄行きだという主張を、この話に寓したのである。行基が大僧正になった天平十六年には七十七歳だから、この沙弥というのは比丘になることを前提とした沙弥ではない。それならば十八歳か二十歳で受戒して比丘になるはずである。七十七歳で沙弥であるということは、私度僧であり聖であったことを意味する。

ここで奈良時代の仏教に二つの大きな流れがあったことを知る必要がある。すなわち一つは官度僧の仏教で、一つは私度僧の仏教である。官度僧は南都七大寺のような官寺に定住して六宗の教学をまなび、鎮護国家の修法で国家に奉仕し、国費によって衣食住を保証される代わりに、遊行や乞食の自由をもたない。これに対して私度僧は都鄙を周遊放浪して乞食によって衣食をもとめ、民衆の要求に応じて教化や治病や雨乞いなどの祈禱をした。おそらく庶民の死者のためには葬式や死後の供養もしたとおもわれる史料もある。しかし国家はこれを「死魂を妖祠する」として禁止迫害するのである。これに対して私度僧として民衆の声を代弁する『日本霊異記』の著者、景戒は、官寺の大伽藍にあぐらをかいて、民衆から搾取した貢租で暖衣飽食する官度僧は地獄行きで、半僧半俗の無知な放浪者であっても、民衆のために物心両面の救済をする私度僧の方が、極楽行きだと説いた。まことに痛烈な国家仏教批判をおこなったのである。

私がこのような説話を書くと、『日本霊異記』はたんなる説話集で、あてにならないではないかという反論があるかもしれない。しかしそれは官製の史書すなわち『日本書紀』や『続日本紀』だけが正史で、民衆の記録は全部誤りだらけ嘘だらけという、官尊民卑史観である。いまでも行基は官度僧であり、はじめから薬師寺僧で師位僧の位をもっていたといってゆずらぬ学者もおる。これは行基を大僧正にまつりあげてから書かれた『続日本紀』の行基卒伝や、『大僧正舎利瓶記』を金科玉条として、民衆の赤裸々な主張と伝承を記録した『日本霊異記』を、はじめから無視してかかっているからである。霊異記の全巻にながれる聖の仏教の正統性の主張と、行基への純一熱烈な帰依は「民の声」であって、これは行基が沙弥であり、聖であり、民衆の仲間であるという確信の上に立っている。

行基が沙弥であったことについては、『続日本紀』の養老元年(七一七)四月二十三日の記でもあきらかである。

小僧行基、幷びに弟子等、街衢に零畳(おちぶれあつまる)して、妄りに罪福を説き、朋党を合せ構へ、指臂を焚き剝ぎ、歴門仮説して、強ひて余物を乞ひ、詐りて聖道と称し、百姓を妖惑す。道俗を擾乱し、四民業を棄つ。進みては釈教に違ひ、退いては法令を犯す。

とあって、小僧とは大僧（沙門）に対する沙弥をあらわす。行基はこのとき五十歳であるから、これも私度僧の異称としての沙弥である。この行基集団への非難は、行基たちの行為をよく表現しているが、まずかれらは街巷をうろついて、『日本霊異記』のような因果応報の因縁話ばかりして民をまどわしている、という。これはもちろん官僚側から見た評価で、民衆や聖からすれば、正しい仏教の実践のために遊行乞食しており、仏教の教えや功徳を卑近な例話と寓話をもちいて、具体的に内容のある説経をしたとおもっている。つぎにかれらは「朋党を合せ構へ」たというから、集団的行動をとったのであるが、これも一部歴史家がいうように、行基配下の律令国家に対する不満分子のデモ行為というものではなく、知識（同信者集団）を組んで、造寺造塔や道路・橋などをつくる作善（善根）を勧めたことをさしている。「指臂を焚き剝ぐ」という残酷物語のような苦行は、自分の罪も他人の罪もすべて一身に背負って、その苦行の肉体的苦痛でつぐない滅ぼすという、原始宗教者の滅罪行為を聖たちが実践していたことをあらわす。これはのちの山伏の苦行や捨身・入定・火定につながっている。

次に「歴門仮説して、強ひて余物を乞ふ」と非難された行為は、戸別訪問して教化（説経）したことで、それぞれの家の不幸や悩みをきいては、それに対応する滅罪や信仰をすすめ、民衆と膝をつきあわせて語り合ったのである。その代わり乞食の原則であるその日一日の食物をもらうばかりでなく、金や品物などの「余物」をもらった。しかしこれも聖の勧進には大切なことで、このような零細な奉加・寄進をあつめて、造寺造塔写経その他の作善をおこなうためであった。官僚は行基集団の行為をすべて戒律と「僧尼令」にそむくものとして、罪状をかぞえあげたのである。しかしこれを裏返せば、すべて民衆の教化と作善のための勧進行為で、庶民は逆にこれを菩薩の慈悲とうけとったのである。

そして最後にいちばん大切なことは、行基集団は自分たちの行為こそ、真の仏教の実践であると宣言していたことである。これは「聖道と称す」という言葉にあらわれており、官僚は「詐りて」と評価しているが、聖たちから見れば「真実の」であったわけである。このように官の禁令は、「放浪の仏教」の立場から読み代えてやらなければ、庶民の仏教を理解することはできない。それが今日までなされなかったのは、研究者が国家や仏教教団や大伽藍を中心に仏教を見ており、庶民の立場に立つことができなかったためであろう。しかし一旦日本の「放浪の仏教」の正統性をみとめさえすれば、行基も空也も良忍も、そして法然も親鸞も一遍も、「庶民の仏教」の系譜の中に、正しく位置づけすることができるのである。

ここで「聖道」というのは、すでに律令の『令義解』が註釈しているように「四果聖人之道」で、「真実の仏道」の意である。聖たちはまたこれに「聖の仏道」をダブらせて、「聖の仏道即真実の仏道」という意もこめていたものとおもわれる。

## 四

私は遊行放浪の仏教の実例として、ここに行基とその集団をとりあげたが、奈良時代にあらわれた「放浪の仏教」のパターンは、そののち日本の庶民仏教のなかに脈々とながれている。それは有名無名の遊行の聖たちによって担われ、その勧進活動によって維持、復興された寺や仏像、経典もすくなくない。東大寺や高野山や善光寺も、勧進聖によって結集された民衆の信仰と喜捨の結果である。その遊行聖は中世には朝野から好意をもってむかえられたにかかわらず、近世に入ると律令時代以上の迫害をうけることになる。これはもちろん近世幕藩体制のなかでは、農民も宗教者も定着を強いられたからである。したがって遊行聖は戦国末期から所縁の寺庵をもとめて定住をはじめ、一寺をおこして「住持」となるものもすくなくなかった。これはまた「住職」という言葉がしめすように、定住があたりまえとなり、その代償として幕府や藩の保護をうけることになった。これはいわば僧侶の総官度僧化であって、宗門改めという信教自由の制限の片棒をかつぐことによって、暖衣飽食の生活に入ったのである。

しかしそれにもかかわらず、近世にも多くの遊行者があった。そのなかで特筆しなければならないのは、浄土宗名越派の聖たちである。名越派には不明なところが多いのは、名越の尊観と明心によって一派をなして以来、遊行と秘密伝法を生命としたためであろう。私は東北地方の「かくし念仏」も、浄土真宗化する以前は名越派の「伝法」であったろうとおもっている。この一派の聖たちは、明心が善光寺南大門の月形房に住んでからは、もっぱら善光寺如来を奉じて辺境への伝道にあたった。「かくし念仏」のおがむ阿弥陀如来像と聖徳太子像（いわゆる黒駒太子像）は善光寺の如来と、これと一対をなす聖徳太子であったろう。したがって東北地方には名越派の浄土宗寺院が多かったのであって、四箇本山のうち三本山までが東北地方にあった。

この一派の遊行者は慶長のころ、とくに活潑に琉球や蝦夷地にわたった。のちに蝦夷三官寺の一となる有珠善光寺も、慶長以前に無名の名越派の聖によってひらかれ、遊行の彫刻僧、円空は名越派の寺をたよりながら、寛文六年（一六六六）にここへ来て善光寺如来を造り納めた。またその奥之院にあたる洞爺湖観音島の観音像や北海道各地におさめられた仏像を礼文華窟で彫った。

円空のあとから木喰行道も北海道へわたるが、彼も生涯を放浪に送って、その終焉の地も定かでない真の遊行聖であった。円空も木喰も多くの歌をよんで、かれらの信仰と心境を披瀝する。その内容をよく見ると、有名な高僧の法語や著述よりも徹底した悟道を見ることができる。この二人はいままで彫刻家としてだけ評価されすぎたが、近世の「放浪の仏教」を担った聖として見直されなければならない段階にきている。

そのほか遊行の念仏者として徳本上人とその弟子徳住上人のように、全国にわたって南無阿弥陀仏の名号碑を建ててあるいたものもある。寂しい山道でこの碑を見た旅人は、どれだけ力付けられたかもしれない。また海岸では魚類供養のために建てた名号碑が多いので、漁夫は、生物への憐れみを教えられたであろう。このような遊行者は近世の統制された教団からはみ出した聖であったが、人のゆきたがらない辺境や山村に仏教をもたらしたのである。「放浪の仏教」のもっとも大きな特色は教団を形成しないということであった。遊行は一匹狼のように強靱な精神を必要とするだけに、仲間をつくることがない。一遍は「一代の聖教みなつきて南無阿弥陀仏になりはてぬ」と、遊行は自分一代で終わるとかんがえ、教団をつくる意志はなかった。「弟子一人も持たず候」といった親鸞も、教団をつくる意志がなかったことはあきらかであろう。行基開基伝承の寺は無数にあるのに、その教団は存在しないし、空也も宗派をつくらなかった。空也ののちに全国に空也僧（阿弥陀聖）がひろまって、踊り念仏は津々浦々にもたらされ、いまにそれは種々の民俗芸能としてのこっているけれども、空也宗は結成されていない。良忍も融通念仏をひろめたが、宗派をつくらなかった。融通念仏宗という宗派ができるのは江戸時代の元禄年間で、融観大通のときからである。「放浪の仏教」は教団によりかからず、祖師によりかからず、教理・安心によりかからず、自分の信仰と足でしっかりと立つ仏教である。

雲水も本来はこのような「放浪の仏教」であった。大燈国師も夢窓国師も乞食桃水も放浪のなかで、禅の真髄をつかんだ。しかし中世末期には放浪の困難さから、村落寺院に住持するものが多くなった。村落もまた村に定住する僧をもとめる気運があって、各地の僧堂が禅寺の住持の供給源となったことが知られている。そしてこれを宗派の教線拡張とかんがえたために、末寺の数が信仰のバロメーターと誤られた。そのような中で、Sさんのような雲水の本来のあり方に目覚める人もあるのは、まことに心強いかぎりである。しかしこれが独善でなく、民衆の中に根をおろした「聖の仏教」であることをのぞみたい。

# 一遍の時衆と融通念仏

## 一　時衆と勧進

一遍上人といえばすぐ「捨聖（すてひじり）」という言葉が出るほど、一切の世俗的欲望はもちろん、往生も念仏もすて去って、遊行に生き遊行に死んだ聖（ひじり）というイメージがうかぶ。ところがその伝記を検討してゆくと、意外に情熱家であり、熱血漢である。『一遍聖絵（ひじりえ）』や『一遍上人縁起絵（絵詞伝（えことばでん））』などを見ても、眼光炯々（けいけい）として人相骨柄（こつがら）、内に秘めたもののはげしさをおもわせる。並大抵の人物ではなかったのであろう。それだけに一遍に会った人は、男も女も魅惑されて、僧や尼になって彼に随逐する者が多かった。これが時衆で、時衆は僧時衆と尼時衆から成っていた。その結果尼時衆の魅力が、一遍の時衆集団の人気を高めたことは事実だろうとおもう。このことをとくに『一遍上人縁起絵』の方は、意識的に描いたように見える。

この絵巻の各シーンは尼の時衆のために、なまめかしい。一遍は色白で目鼻立ちのととのった若い尼衆にとりかこまれて、説法する。色の黒い僧の時衆の方は、それと十二光（じゅうにこう）箱をへだてて説法を聞く。信者のもちこんだ布施の食事のときも、尼衆が一遍に給仕し、人々はこれを羨ましそうに見ている。このようなシーンをくどいほど描いたのは、一遍の時衆集団が、かなり世俗性をもっていたからであろうとおもう。

この世俗性というのは、勧進の目的をもっていたからで、勧進の効果をあげるためには、できるだけ多くの大衆を勧進の場にあつめなければならない。もっと直接的にいえば、賽銭をあげたり、死者供養をたのんだり、法名（とくに逆修阿弥号）をもらう人をたくさんあつめなければならない。この逆修法名をあたえる法会が大念仏会であって、くわしくは融通大念仏会なのである。

一遍の興行した大念仏は、ただ信仰や趣味でやったものでなく、端的にいえば金品をあつめるためという世俗的目的をもっていた。念仏勧進というものが、経済的目的なしにおこなわれたものでないことを、私は前著『高野聖』で説いた。従来はすべてきれい事にうけとられて、衆生を救済しようという止むにやまれぬ純粋な信仰から、念仏勧進がおこなわれたかのごとくに書かれたり説かれたりしていた。しかし現実は夢でもなく幻でもないことを、日本仏教の歴史はしめしている。

このようにいったからといって、一遍が金集めのために十六年間の遊行をした、などといっているのではない。金を集めるのは、時衆をまねいて大念仏会の「勧進元」になる神社や寺院なのである。勧進元といえば相撲をおもい出すが、これも現在のように大日本相撲協会ではなくて、もとは浅草寺や四天王寺であって、堂塔建立のために相撲興行をしたのである。

　従来は一遍が何の目的で遊行したのか、をあきらかにする研究はなかった。これは融通念仏や大念仏というものの実態があきらかでなかったのと、勧進というものが抽象的に理解されていたからである。しかし近世になると乞食の別称を「かんじん」というようになる。乞食は門に立ってお椀や柄杓を出して、「お勧進」あるいは「御報謝」といって食物や銭をもらった。もちろんもとは特定の寺や堂や鐘をつくるための金品をもらうことだったのが、乞食の生活の資をもらうことに利用されたのである。御報謝の方は、門に立ってありがたいお経や念仏や和讃や祭文をとなえて祝福したので、それに対する報謝をもとめたことになる。これはもと造寺造仏、造塔写経などの勧進に「御喜捨」をもとめる読経や説経が変化したのである。

　話が抽象的になるので、『一遍上人縁起絵』の一つの例をあげて見よう。これは弘安六年（一二八三）に尾張国甚目寺で一遍の時衆が「七箇日の行法」をおこなったときのことである。これは七日間の別時大念仏会であるが、このときおそらく時衆に悪評があって、

一遍と尼僧（『一遍上人絵詞伝』）

人があつまらなかったのだろうとおもう。そのため供養の食物や金品が喜捨されなかったので、時衆一行は食物がなくなった。しかし一遍はすこしもさわがず、

聖曰、心ざしあらば、いくか（何日）なりとも留べし。衆生の信心より感ずれば、其志をうくるばかりなり

といって、大念仏を七日延長しているうちに、甚目寺に近い萱津宿の在家人二人が、甚目寺毘沙門天の御夢想をこうむって食糧を供養したとある。

これは一遍の大念仏に参詣が多ければ、時衆の食物が充足されるばかりでなく、その余分の奉加は寺のものになる。しかしこの興行が失敗すれば、勧進元の寺は大損をすることをものがたっている。このように勧進による大念仏や田楽を、能楽や芝居とおなじように興行というところに、その投機性もあったということができよう。

ところで甚目寺の大念仏興行はどうして失敗したのだろうか。これは『一遍聖絵』の方は記していないが、『一遍上人縁起絵』の方で見ると、尼衆の艶めかしさによって勧進の人集めをしたことが裏目に出たようにおもわれる。というのは僧時衆と尼時衆の混住ということが、「男女の愛恚」をおこすことは当然ありうることなので、これは風紀の乱れとして信者から指弾されることになる。尼時衆（尼衆）は時衆の魅力であったから、これをどうするかに困って、一遍はここで十二光箱で男女の席を分離することとした。

又僧尼の両方の隔に、十二の箱を置て、蓋のうへにしろき色を四、五寸許り一すぢとをさ(通)れたり。是は水火の中路の白道になずらへて、男女の愛恚をさけむ(避)がためなり。数十二は十二光日没の礼讃の心なるべし。又函蓋相応の儀、能所不二の理を表せられけるにや

とあって、一遍はここで男女の愛欲、妄念、煩悩をいましめる大説法をしたとある。

ここに「男女の愛恚」といったのは愛欲のみならず、一人の尼をめぐる僧衆のあいだの瞋恚のトラブルをも意味している。そのようなスキャンダルがつたえられて、甚目寺の勧進は失敗したのだろうとおもう。もっとも一遍みずからも還俗時代には愛欲のトラブルにまきこまれたのが原因で発心し再出家したのである。これが一遍の本領を発揮した十六年の遊行の原動力となった。栗田勇氏は『一遍上人』の中で、この遊行中にも一遍の愛欲があったと書いているが、これは甚目寺の事件と、この時の一遍の大説法を見ていないのである。もしそのようなことがあれば時衆集団は崩壊していたであろうし、時衆の「男女の愛恚」にたいして、きびしくいましめることはできなかったであろう。一遍はこのとき、和讃をつくって愛欲の無常を説いた。

身を観ずれば水の泡　消ぬる後は人もなし
命をおもへば月の影　いでいる息にぞ留らぬ

人天善処のかたち(形)をば　おしめ(惜)どもみなとどまらず
地獄鬼畜のくるしみは　いとへども又うけやすし
眼のまへのかたち(形)は　めしひてみゆる色もなし
耳のほとりのことのは(言葉)は　みゝ(耳)しゐ(聾)てきく声ぞなき
香をかぎ味なむること　たゞしばらくの程ぞかし
いきのあやつり(機)たえぬれば　この身にのこる功能なし
過去遠々のむかしより　今日今時にいたるまで
をも(思)ひと思ふ事はみな　かなはねばこそかなしけれ
聖道浄土の法門を　さとりとさとる人はみな
生死の妄念尽きずして　輪廻(りんね)の業とぞなりにける
善悪不二の道理には　背(そむき)はてたるこころにて
邪正一如とおもひなす　冥(みょう)の知見ぞはづかしき
煩悩すなはち菩提ぞと　ききて罪をばつくれども
生死すなはち涅槃(ねはん)とは　いへども命をおしむかな
（下略）

このような愛欲煩悩の強勢(ごうせい)と無常をときながら、尼の時衆を排除しなかったところに、一遍時衆の特色がある。それは融通大念仏と踊り念仏による勧進という目的があったからである。

また一遍が男女を分けた十二光箱というのは、阿弥陀如来の十二の異名による十二光仏（無量光仏・無辺光仏・無礙光仏・無対光仏・燄王光仏・清浄光仏・歓喜光仏・智慧光仏・不断光仏・難思光仏・無称光仏・超日月光仏）になぞらえた法具箱である。これを本堂などに一列にならべて、男女別々に宿泊した事情は以上のような次第であるが、これを二河白道になぞらえたのは、一遍らしい巧みさである。というのは、一遍の大念仏における説法は「二河白道の図」をかけて、絵解きしたとおもわれるからである。この図は一遍が善光寺で手に入れて、これによって一遍の再出家の回心がはじまったという因縁のあるものであった。

## 二　賦算と融通念仏

一遍の再出家の事情については、時宗教団はあまり言いたがらない。これについては以前私も考証したことがあるが、これは『一遍聖絵』ばかりでなく、『一遍聖人縁起絵』や『北条九代記』などを総合すれば、一遍が父如仏の死によって還俗して伊予にかえり、結婚して一子をもうけたことを推定させるからである。聖絵はその子供を輪鼓（ヨーヨーという玩具に似たもの）の玩具であやしているあいだに、輪鼓が地に落ちて、ころころがって止まったのを見て、輪廻も止めようとすれば止まると悟ったのが再出家の動機だとする。しかし縁起絵の方はもうすこし物騒な動機をつたえている。

> ここに近来一遍上人ときこえし聖の、念仏勧進のおもむきうけたまはるこそ、ありがたく覚侍れ。この人は伊予国、河野七郎通広（如仏）が子也。建長年中に法師になりて学問などありける比(ころ)、親類のなかに遺恨をさしはさむ事ありて殺害せむとしけるに、きず(疵)をかうぶりながら、敵の太刀をうばひとりて、命はたすかりにけり。発心のはじめ、この事なりけるとかや。

とあるのがそれである。聖絵のように「俗塵にまじりて恩愛をかへりみ、童子にたはぶれて輪鼓をまはすあそびなどもし給き」とは記していないが、親類のなかに遺恨をさしはさむものがあったのは、やはり世間並みのトラブルがあったことをものがたるものであろう。そしてこれは一遍が再出家してから、文永(ぶんえい)十一年（一二七四）二月八日に伊予を出るとき伴った、超一・超二という尼僧とその子にまつわる遺恨刃傷沙汰(にんじょうざた)であったことは、ほぼあやまりがないものと私は推定している。おそらくこの女性は親類の男の妻であったろうが、夫を捨てて尼となってまで、一遍に随逐したのである。しかもこの伊予出発のとき、かれら一行を門口で見送った女性は一遍再出家後の正妻であり、男の子（聖戒(しょうかい)）はその間の実子と推定される。聖戒を実子と推定する理由については拙稿「一遍と高野・熊野および踊念仏」（角川版『日本絵巻物全集』第十巻『一遍聖絵』所収、昭和三十五年刊）に詳述したが、このよう

一遍の出家（『一遍聖絵』）

な私の観点から見れば一遍の時衆集団における尼衆の存在は、彼の人間観と女性観から出ていることはうたがいがない。

文永十一年は一遍の生涯にとって、もっとも多事な年である。二月八日に伊予を出て三月ごろ天王寺に参詣し、融通念仏の賦算をおこなっている。それから高野山へのぼり、やはり高野聖が融通念仏の賦算にもちいたらしい「六字名号の印板」を見た。これは四月か五月のことだったらしく、六月には熊野へ詣でた。聖絵はその熊野路の光景や、本宮、新宮そして那智の大滝などを、日本の絵巻物、大和絵最高の傑作として描いている。またこの熊野路で一遍が一人の律僧に会ったところが描かれている。彼はその律僧に賦算の名号札をさし出した。ところがそれまでは誰でもありがたくそれを受け取って、何文かの喜捨をしたであろうが、律僧は念仏に信仰がないからといって断った。

これには一遍も面くらったらしい。賦算札というのは、融通念仏の勧進聖がまず誓願を立て、十万人なり二十万人なりに勧進しようとすれば、それだけの数の名号札を摺って持ちあるく。千枚の束がなくなれば、千人に勧進し終わったとかぞえる。このかぞえることを賦算というのである。一遍と同時代の円覚十万上人道御というすぐれた勧進聖は、十万人勧進を発願して、千枚束の賦算札（名号札）を百束くばり終えたら、融通大念仏会を興行した。この大念仏会に結縁したものは絶大な功徳をうけることができるが、その人集めのために大念仏狂言をおこなった。はじめ正嘉元年（一二五七）に壬生寺で興行し、次いで嵯峨清凉寺でおこない、のちに花園（双ケ丘）の法金剛院でもおこなった。いまも嵯峨と双ケ丘の二ヵ所に十万上人供養碑がのこっている。そののちも各所で十回おこなって百万人に勧進したために、道御は百万上人ともよばれた。謡曲「百万」はこの道御を主人公としたものである。

ところで一遍はこの融通念仏賦算札を六十万枚用意したらしい。六十万人勧進を発願したのであるが、道御のように壬生寺再興とか法金剛院や清凉寺諸堂の建立、法隆寺新堂院建立あるいは貧民救済、受刑者賑恤などの具体的な目的をもっていたかどうかはあきらかでない。しかし実際には再建最中の近江関寺（世喜寺、聖絵に描かれている）で大念仏を興行して、七日の別時を二十一日に延長したことがあり、再興勧進のために喜捨を集めたことはあきらかである。このように当時道御や一遍ばかりでなく、融通念仏の勧進賦算をおこなうものが多かったから、一遍は何の疑問もなく熊野路でも賦算札をくばったのであろう。ところが律僧に対して

> 聖（一遍）すゝめての給はく、一念の信をおこして南無阿弥陀仏ととなへて、この札をうけ給べし

というと、律僧は

> 僧云、いま一念の信心おこり侍らず。うけば妄語なるべし

といってうけなかった。そこで一遍は融通念仏というものは信心がなければ融通念仏同信者集団（講）に参加できないのだろうか。あるいは信不信にかかわらず、札をうければ同信者の一員に自動的になれるのではなかろうか、という疑念にとらわれた。この疑念が解けなければ、これ以上賦算勧進することはできないのである。その疑念を解いてくれる人がないので、熊野本宮（証誠殿）の本地、阿弥陀如来の神勅をあおぐこととした。

### 三　時衆の融通念仏と踊り念仏

一遍が念仏の一大疑団を熊野権現の神勅によって解いたことが、時宗教団では時宗の開創であると説いている。そしてこのときから賦算がはじまり、現代まで藤沢遊行寺（清浄光

寺）の遊行上人（管長）だけの特権として、賦算することになっている。時宗内部の分派や抗争は、この賦算権の独占か分割かにあったようである。これはローマン・カトリックの免罪符売りにも似た歴史をもっている。

しかしすでにのべたように、一遍は熊野神勅以前から、すくなくも『一遍聖絵』の絵では四天王寺で賦算しており、熊野路でもおこなった。おそらく高野山でもおなじだったろう。そうすると賦算は時宗立教開宗以前のものだから、時宗のものではないことになる。辻善之助博士の『日本仏教史』が、賦算を遊行と踊り念仏とともに、時宗特有の行儀としたのは、誤りだったのである。私などもその誤りを教えられて来た。定説として権威化された説にも、大きな落とし穴があるものである。

それで江戸時代の『一遍上人絵詞伝直談鈔』（正徳四年）では、時宗としては熊野参籠以前の賦算を口伝として、一般には知らしめないということになっている。まことに苦しい次第で、時宗教団の苦衷察するにあまりあるが、ここにあげられた「四箇の習」という口伝は

一、熊野参籠已前の算の事
二、夢想は直現の事
三、自頌は神頌の事
四、此の伝に載せざる和泉式部亡魂化益と、法燈国師参謁の事

の四ヵ条で、いずれも庶民仏教史あるいは仏教民俗学の立場からは、簡単に解けるものばかりである。それを口伝としなければならないというのは、賦算が融通念仏の一形態であり、一遍自身が「融通念仏すすむる聖」であったことをみとめなかったことからおこったのである。『一遍聖絵』にしるす熊野権現の神勅というのは、

融通念仏すすむる聖、いかに念仏をばあしくすすめらるるぞ。御房のすすめによりて、一切衆生はじめて往生すべきにあらず。阿弥陀仏の十劫正覚に、一切衆生の往生は南無阿弥陀仏と必定するところ也。信不信をえらばず浄不浄をきらはず、その札をくばるべし

というのであった。これは『一遍上人縁起絵』もほぼおなじである。時宗教団も日本仏教史家も、この神勅の中にある融通念仏を軽く見すごした。これは近世から近代まで融通念仏とは融通念仏宗のことだから、時宗とはまったく縁がないという先入観があったためであろう。

しかし一遍や他阿真教のころは、時衆とはいっても時宗とはいわなかった。これは一宗派の意識はまったくなくて、一日を六時にわけて、交替で不断の融通大念仏をつとめる念仏衆の意味であった。したがって時衆とよんだり、六時衆とよんだのである。これが室町時代の『法燈行状』（大永五年筆奥書）という、一遍が法燈国師（心地覚心）に参禅したことを識す写本で、「六時宗」と書かれるようになる。だから「時宗」となるのはそれ以後のこととい

わなければならない。

一方融通念仏の方も江戸時代まで融通念仏宗と書いたものは一つもないはずである。というのは、元禄年間に大阪平野（ひらの）大念仏寺を開いた融観大通（のちに良忍を開基として中興とよぶようになる）が、一宗取立（とりたて）を幕府に願い出て立教開宗が許可されたからである。それではそれまでの融通念仏とは何であったのか。

ここで融通念仏の基本的理念とその表現形態の二つに分けて見よう。基本的理念はよく知られるように、

融通念仏は、一人の行をもて衆人の行とし、衆人の行を以て一人の行とするがゆへなり、功徳も広大なり。往生も順次なるべし。一人往生を遂（とげ）ば、衆人も往生をとげんこと、疑あるべからず

と『融通大念仏縁起』に見える。これは時宗教理として

一人一切人　一切人一人
一行一切行　一切行一行

と表現されるようになる。個体は普遍の現実化されたものであるし、また普遍は個体のなか

に内包された理念である、という哲学的表現である。しかしこの表現は融通念仏の根本史料である『後拾遺往生伝』(中巻と下巻)および『三外往生記』の「大原良忍(良仁)伝」には見えないもので、鎌倉中期の『法然上人行状絵図』(巻十四)に「顕真の消息」として載せられるものが古い。

一行すなはち一切行なれば、念仏の一行に諸行ことごとくをさまり、一念すなはち無量念なれば、一称弥陀なにの不足かあらん

とある。しかし顕真法印も実際には大原勝林院で、「大衆みな同音に念仏を修する事三日三夜」といわれる、行道(本尊のまわりを巡ること)と合唱の念仏を修している。この同音の行道念仏こそ融通念仏の実態であって、念仏の合唱に参加する者はすべてその功徳を融通し合うので、現世には利益大で、来世には上品上生の往生をするというのである。この理念は華厳経などの相即円融の理というよりは、日本の庶民社会における共同体理念の宗教的表現とかんがえるべきものである。すなわち一人だけで往生するのでなく、共同体全部または同信者(講)全部で往生しようという「一人往生を遂げば、衆人も往生を遂ぐ」る目的で、講をむすび、念仏を同音にとなえ、合唱するのが融通念仏であった。

私はこれを戦後の「うたごえ運動」にたとえるが、合唱のためには音律がなければならない。管弦の伴奏があれば、いっそう合唱は調和し、宗教的エクスタシーに入ることができ

る。こうした詠唱念仏が、すなわち融通念仏の表現形態なのである。その詠唱の作曲者であり、融通念仏をすすめて鞍馬寺再興の勧進をしたのが、大原の良忍であった。良忍は比叡山東塔の常行三昧堂で堂僧をつとめた念仏合唱僧であるとともに、日本声明史（仏教音楽史）上、不世出の音楽の天才といわれる。彼が融通念仏の美曲を作曲することは十分ありうることであり、またそれを傍証する史料もある（拙稿「融通念仏・大念仏および六斎念仏」『大谷大学研究年報』第十集所収、昭和三十二年刊参照）。

私がこのことに気付いたのは、近畿各地（紀州・大和・山城・和泉）および若狭、東海地方（尾張・三河）に伝承される詠唱の六斎念仏に、

融通念仏　南無阿弥陀

のリフレインが付いていることから、融通念仏と詠唱六斎念仏のつながりをもとめたためである。これは無学な農民たちが、文字による歴史のブランクを、伝承によって教えてくれたのである。

このような眼で『一遍聖絵』を見ると、各所に融通念仏が顔を出している。文永十一年（一二七四）に熊野で「融通念仏すすむる聖」とよびかけられた一遍は、その神勅（託宣）を得て回心し、超一・超二・念仏房の同行を伊予にかえした。そして十六年の遊行と勧進がはじまるのであるが、熊野から京へ出、それから西海道をへて翌建治元年（一二七五）には

故郷伊予に帰ってくる。そして、

その時、三輩九品の念仏の道場に、管弦などして人々あそびたはぶれ侍りしに、

とある「三輩九品の念仏」は、まさしく融通念仏で、管弦の伴奏があったのである。これは現在の融通念仏宗で「宗祖（良忍）直伝如法念仏」の名で、上品・中品・下品に分けた九通りの念仏をつたえている。しかしその節はほとんどくずれてしまっているが、上品・中品・下品の三輩は、初重・二重・三重という声の高さの変化をあらわしたものであろう。

良忍の融通念仏には行道をともなうものがあって、一種の行進曲をなしていたが、民衆の伝承する六斎念仏にも「白舞」とよぶ行進曲がある。いまでは葬式に棺を墓へはこぶとき演奏するものといわれるので、私は日本の葬送行進曲と名づけている。これをきけば亡者も極楽へいそぎたくなるなどといい伝えており、きわめて軽快でうきうきする曲である。かなり多くの民謡がこの曲調とリズムをもちいている。

しかし一遍の時衆との関係でもっとも重要なのは「坂東」という曲である。これは踊曲であるからテンポが急で、住吉踊りや阿波踊りや「よしこの」がこれを用いている。ということは一遍時衆の踊り念仏は、いまはつたわらないけれども、この曲によった可能性が大きい。『一遍聖絵』で正応二年（一二八九）正月二十四日の夢想により、伊予大三島大明神の前で桜会（法華会）の大念仏には「坂東」の踊り念仏の曲がもちいられ、その大行道には

「白舞」の行進曲がもちいられたであろう。

古は書写の上人(性空)この処にまうで、説戒ありしによりて、鹿の贄をとどめおはりぬ。いま一遍上人参詣して、桜会の日、大行道にたち、大念仏を申。この所にして衆生済度せしめむとするなり。

とあるのがそれである。ただ一遍時衆の踊り念仏は弘安二年(一二七九)に善光寺へ詣でたとき、信州佐久の小田切の里において踊りはじめたともいい、伴野の市庭で踊ったともいう。いずれにしても信州に善光寺を中心とする踊る融通大念仏があるのを見て、道御の大念仏狂言のように、人をあつめる勧進に利用したのであろう。こののちは時衆は日中の行法のあとで、かならず踊ることになった。それは二祖他阿真教にも踏襲されて、善光寺の舞台で大念仏大行道と踊り念仏がもよおされ、この光景が『一遍上人縁起絵』に大々的に描写されている。これは本家本元だったからであろう。

以上のように一遍の時衆は勧進を第一義としたので、融通念仏による合唱と踊り念仏を採用した。尼の時衆を加えたのもおなじ目的からである。しかしこのような大衆動員の方法は世俗化しやすく、当時の貴族や知識人から指弾されることとなり、藤原有房の『野守鏡』(上巻)では一遍房といひし僧、念仏義をあやまりて、踊躍歓喜といふは、をどるべき心なりとて、頭をふり足をあげて、をどるをもて念仏の行儀としつ

と批判され、『天狗草紙』では

念仏する時は、頭をふり肩をゆりて、おどる事野馬のごとし、さわがしき事山猿にことならず

とも罵倒されたのである。しかしそれにもかかわらず、南北朝時代以後の高野聖は一遍時衆が中心勢力をなしたし、熊野も時衆の「浄不浄をきらわず、信不信をえらばぬ」世俗性によって繁昌した。これはちょうど今日の観光と娯楽をかねた巡礼や神信心と軌を一にするもので、融通念仏こそは、わが国庶民の精神構造そのものの発現ということができるであろう。

# 遊行の聖と罪の文化

## 一

よく宗教は生死を超越するものだといわれる。「生死事大、無常迅速」という『六祖壇経』の禅語は、禅林の所々に掲げられているし、これを口にしない僧侶はおらないだろう。しかし、はたしてこれを自分のものとして生きているだろうか。

仏教、ことに禅は、言亡慮絶、言語道断、不立文字などといいながら、文字や言語の使い方が実にうまい。あまりうますぎて空すべりになるほどだ。上手な芝居を見ていると、自分が劇中の人物になったかのごとき錯覚におちいるように、うまい表現の仏語や禅語を読むと、ほんとうにそのとおり悟ってしまったような錯覚におちいる。だから禅語は毒語といわれる。

「生死事大、無常迅速」は、いつでも死ねる用意をして、日々を生きようということだろう。だから死ぬときジタバタしないように死ねということになる。かつて僧侶も武士も死に際が大事だといわれて来た。痩せ我慢でもいいから、見ぐるしい死に方はしまいと心掛けた。ほんとうにその腹がきまると、不思議にあまり欲もかかなくなるし、第一言動がおちついてくる。判断も冷静で正確になるから、あわてて交通事故死などしないですむだろう。だからといって、そんな功利主義で、「生死事大、無常迅速」をきめこんだのでは、生死を自分のものにして、自在に生きることはできないだろう。

ところで、生死を超越するのは、宗教のほかに武士道がある。「武士道というは、死ぬことと見付けたり」とあるように、武士は四六時中、死ぬつもりで生きなければならないという。ちかごろはそんな生き方は前近代的で、一分一秒でも生きのびるように、逃げまわってでも、見苦しくとも、のたうちまわってでも生きるのが、進歩的「生きざま」だといわれるようになった。

これは「自我」の価値観がかわったから、絶対者である仏のために死ぬとか、主君のために死ぬとか、国のために死ぬということが馬鹿らしくなったのである。「自我」はそのいずれよりも絶対的価値があり、そのいずれからも解放されなければならない。法隆寺玉虫厨子の台座に描かれた、摩訶薩埵太子が、「生滅滅已　寂滅為楽」の一句を得るために、断崖より身を投じて虎の餌食となった話などは、まことに噴飯に値する馬鹿馬鹿しい話となった。

しかし、近代人にも反体制イデオロギーのためにデモで死ぬとか、民族解放のためにテルアビブで死ぬとか、内ゲバで大学地下室で死ぬというような「死に様」もある。それは大学構内の、畳三畳敷ぐらいの立て看板でその死をたたえられ、追悼されるのだから、やはり「近代的自我」を超えた、もう一つの「自我」を実現する「死に様」もあるようである。

ともあれ、日本人は「いさぎよい死」に美を感ずる。三島由紀夫の「死の美学」は、たしかに日本人の死生観をささえている。それは体制的、反体制的を問わない共通の精神構造の上に立っている。これを今まで日本文化を「恥の文化」とする理念でとらえられて来た。西洋文化を「罪の文化」とし、日本文化を「恥の文化」とする、撫で斬り日本人論である。

このような日本人論は、日本人は一億総武士だという、あやまった発想から出発する。いうまでもなく、恥というのは武士道のような、社会的・倫理的概念である。人にわらわれまい、家の名をけがすまいとする。これにたいして宗教的な罪のために生命をすてる、もう一つの「死に様」がある。これは日本人の「罪の文化」である。罪の自覚の上に立って「罪ほろぼし」すなわち滅罪のための宗教的実践をする「生き様」があることは案外に知られていない。これは武士や支配階級の道徳とちがって、庶民の宗教生活の中に生きて来た、もう一つの日本文化である。

## 二

天正五年（一五七七）に、日本で宣教していた某パードレ（宣教師）が、博多からポルトガルの耶蘇会のパードレとイルマン（副宣教師）に送った「耶蘇会士の日本通信」がある。この中に博多沖の海で、入水自殺した無名の山伏の話がのせられている。これは多くの山伏の入定や火定や入水などの捨身が、説話集などの物語になっているのに比して、外国人が実際に目撃した死であるから、確実性があることをみとめなければならない。この山伏は母を殺した罪の懺悔（さんげ）のために山伏となり、数年の苦行の末に滅罪の死をとげたのであった。

> 異教徒にして己の母を殺したる者、来世において受くべき苦痛を、この世において受けんと欲し、日本の諸国を巡りて悔改めの数年を送り、また生命を悪魔に捧ぐる誓を果さんため、当博多の市を選び

と、懺悔滅罪の苦行と入水捨身を実践した。

昔から山伏の捨身には、信仰集団や地域集団のすべての罪を背負って入定、火定することが多かった。これは他人の罪業を宗教者みずからの生命をもって贖（あがな）うという、贖罪死（しょくざいし）であった。ちょうどキリストの十字架が、人類の原罪を贖った死だったのに似ている。これも発生的には、もっと小さな集団のための贖罪死だったのが、キリスト教会の拡大とともに、人類全体の贖罪まで拡大されたとかんがえられよう。

この博多の山伏は、それから言語に絶する寒三十日（かんみそか）の苦行をした。

> まず徹夜断食祈禱を行ひ、その間、七日はたえず起立して徹夜し、断食祈禱をなせり。その後、冬時寒気の最も厳しき時に、市を十区に分ち、毎日一区を走り、住民等は冷水を器に充してこれを待ち、彼の同伴者等は、右の器を受取りて、水を彼の身体に掛けたり

と報告されたように、断食と七日不眠不動の行をおこない、大寒の代垢離をしたのである。この代垢離は、博多市民の罪を滅ぼすために、この山伏が代わって水を浴びる苦行だった。したがって彼の死も自分の罪業の滅罪であるとともに、博多市民の贖罪のためであったことがわかる。

いまもこの代垢離は木曾谷では、御岳行者によっておこなわれている。上松の町などでは、寒中に各戸手桶に水をみたして戸口に出しておくと、行者はつぎつぎにこれをかぶってあるく。これは庶民が自分で垢離をとるべきものを、行者が代理でおこなうのであるが、元来、宗教者というものは、こうした代受苦のために布施をうけたのであった。したがって必要とあれば、その生命をもって共同体の罪を贖うべきものだった。

この無名の行者は、その後最後の苦行に入った。すなわち市中をながれる川に入り、五昼夜のあいだ、水中に立ったまま不眠不動の行をした。同行は河岸で鐘をならして勤行をし、諸方から結縁のためにあつまった信者からの喜捨をうけた。こののち山伏は数日間の休養をとってから、信者にかこまれて海岸まで行列をし、舟にのって博多沖へこぎ出して行った。船には薪をいっぱい積み、山伏も袖や懐に石を入れていた。見物人は海上にも陸上にも充満した。この山伏の船には二人の老人が同伴したが、これは山伏の苦行を見て信心をもよおし、一緒に死ぬためであった。

彼は袖および懐に石を入れ、また石をみたしたる袋をストラ（キリスト教の袈裟）のごとく肩にかけ、悪魔の名を唱へて海にとびこみ、底に沈みて死したり。苦行者の同伴者は他の船に移り、彼を連れゆきたる船に火を放ちしが、各地方の人、多数海陸より見物にあつまりたり。

とあるから、入水往生するとともに、船も焼いてしまった。悪魔の名を唱えたと宣教師が見たのは、たいてい不動明王の真言であるが、山伏とその同行が「神々の作りし文字」を一面に書いた紙の白衣を着ていたというのも、たいてい光明真言や随求陀羅尼（ずいぐだらに）を一面に書いた、経帷衣（きょうかたびら）だったにちがいない。

このパードレがその報告の最後に、つぎの言葉を添えたのは感動的であろう。

予がこのことを通信するは、暗黒の子等が虚偽の救（仏教）のために、光明の子等が真の救（キリスト教）のために為すよりも、多くのことをなすことを、知らしめんがためなり

ということは、真の神につかえるキリスト教の宣教師よりも、悪魔につかえる無知な山伏の方が、すぐれた宗教的救済をしていることを、耶蘇会（やそかい）につたえたいというのである。いかにこのパードレが、この山伏たちの死に感動したかを、知ることができよう。

## 三

宗教的な滅罪の死は、民衆の大きな感動をよぶばかりでなく、その墓は信仰の対象となって、なやめる衆生を済度する。博多沖の無名の山伏の墓も、博多の「主要なる門の通路の傍」につくられて、信者をあつめた。民衆はこのような死は、肉体は死んでも、精神は永遠に生きると信じたのである。むしろ不滅な霊魂とともに誓願が永遠に生きることをもとめて、滅罪の捨身をとげたものと見られる。

古代の『大宝律令』の「僧尼令（そうにりょう）」に

　凡そ僧尼、焚身捨身（ふんじんしゃしん）することを得ざれ

と禁じたのは、すでにこの霊魂と誓願の不滅をもとめる僧尼の滅罪死が奈良時代以前にも多かったことをしめしている。江戸時代に入ってからは、出羽三山の湯殿山の即身仏が、つぎつぎと弘法大師の入定にならって土中入定し、衆生済度の誓願を即身仏としてのこした。ことに鉄門海上人（てつもんかいしょうにん）などは青年時代に武士と争ってこれを殺害した罪のために、入定を目的とした一世行人になったが、生前にも江戸で流行した眼病を救う誓願を立てて、自分の左眼を剜（く）り抜いて眼病平癒を祈願したという。これも自分の肉体の一部を犠牲にして、衆生の眼病の

苦に代えたのである。

明治時代に入っても、那智の滝から捨身した行者があった。その名は林実利（じつかが）といい、明治十七年四月二十一日に坐禅のまま滝壺（たきつぼ）にとびこんだのである。おそらく日本宗教の捨身の伝統の最後になるかもしれない。そこには禅僧が口先だけでいう「生死事大、無常迅速」より真剣な「死に様」があった。宗教というものは原点にさかのぼればさかのぼるほど、真剣な実践がある。その代わり宗教は発展すればするほど、口先の理屈だけか儀礼だけになって、真剣な実践は空洞化することを、遊行聖の捨身が教えている。

修験道は日本宗教の原始性をもっていたために、滅罪と贖罪の捨身を最高の名誉とした。それがかなわなければ臂（ひじ）や掌の上で香を焚（た）き、また燈明をともして皮膚をやいたり、皮膚を剝（は）いだりして、死に代えた。身体を苦しめる真剣な実践が罪を贖う道だったのである。林実利はそのような伝統の最後に出た山伏だったということができよう。

したがって林実利の那智の墓には、ここに一度参詣するものは、一切無量の罪を滅ぼし、現世には利益をえ、来世には極楽往生できるという実利の誓願がしるされている。捨身の前にみずから書いた和讃では、大願が成就すれば、雲に乗って昇天し、超人間的な三明六通（さんみょうろくつう）具足の霊魂となって衆生済度をしようという誓願をのべている。

このような事例は日本にも「罪の文化」が遊行者や山伏の中にあったことをしめすものであるし、庶民の宗教の根底にあったのは、恥よりもむしろ罪だったのである。すべての人生の不幸や災は、自分および先祖の犯せる罪の報いであるか、現世の罪と前世の宿業の結果であると自覚した。そのすべての罪業を滅するために、生命をもって贖ってくれる壮絶な「死に様」の宗教者に、庶民はその信仰を托したのである。

# Ⅳ 仏教と芸能

# 仏教と芸能の世界

## 一　無言の説教——壬生狂言

日本仏教は日本文化の母胎であるとともに、日本の芸能の源泉である。

宗教は理念でも観念でもない。いわんや恰好（かっこう）のいい哲学でもない。人間の心の奥底をゆさぶる感動である。芸能は踊りにしても歌にしても、演劇（能）にしても、人間の感動から生みだされ、そして人間を感動させる。したがって宗教がみずからを表現しようとするとき、芸能という媒体をとったのは自然であった。

宗教的芸能は、文字や言語をもちいないでも、じかに神の恩寵なり、仏の慈悲なりを伝達することができる。近代以前、大多数の民衆が文字をもたなかった時代に、宗教が文字のあふれた現代以上に、民衆の心をとらえることができたのは、芸能そのものを媒体にしたためである。

ある意味では、文字は人間を非人間的にした。すべての事象をシュプレッヒコールのような理念だけでとらえ、具体的な全体として心でとらえる能力を弱らせた。それをおぎなうために、文字でない文字の表現——すなわち詩で表現しようとしたのだが、詩もイントネーションやリズムのある朗唱によって、はじめて感動を伝達できるのである。それは文学より芸能（歌）にちかいといえるだろう。

近代以前には説教も芸能であった。説経祭文や節談説教がそれである。現代の理におちた説教は、一部のインテリにはむかえられるにしても、大衆をうごかす力がない。節談は卑俗ではあるが、あるときは泣き、あるときは笑い、念仏のありがたさや、因果応報の理を毛穴から吸収させる。それどころか、芸能は文字も言葉ももちいないで、仏教の理をおしえることすらできたのである。その一つの例が壬生狂言である。

中世の民衆宗教家である聖は、世界にもまれなパントマイム（無言劇）をつくりだした。仏教には不立文字と以心伝心を標榜する禅があるが、壬生狂言にはそのような禅の要素がうかがわれる。だいたい、聖たちは八宗兼学であった。かれらは名乗りにしばしば「八宗一見の僧」とか「天一自在法門」といって、一宗にとらわれないことを標榜した。高野聖のうちの一派、萱堂聖の開祖、法燈国師（心地覚心）が念仏と禅と密教をすすめたことは知られているが、一遍上人も念仏聖でありながら、法燈国師から禅の印可をえている。

したがって壬生狂言の創始者である円覚十万上人道御が、禅の不立文字をとりいれてパントマイムをはじめても不思議はない。しかし一般に壬生狂言の無言劇は、あまり大勢の大衆を前にして演ずるために、声が通らないのを考慮しての、無言の所作であったといわれる。事実、現在の壬生狂言は完備した狂言堂と見所があるけれども、昔は本堂である地蔵堂の広縁でおこなわれたので、見物人は庭一面に立っていたためという。しかし私はかならずしも、そうではあるまいとおもう。その理由の一つは壬生狂言の正式のよび方が、「融通大念仏狂言」であるように、狂言のあいだ中、詠唱の融通念仏の大合唱があって、科白をいっても念仏の大合唱にうち消されるためだったとおもう。壬生寺住職の故北川智海氏によれば、ここの融通念仏には正行念仏と乱行念仏があって、乱行念仏は狂言のことで、正行念仏が本尊をめぐりながら唱える念仏であるという。庭一面に立っている大衆はこの正行念仏に合わせて、融通念仏の一大合唱をひびかせたものであろう。

いまは壬生狂言でも、その一派である嵯峨清涼寺釈迦堂の嵯峨大念仏でも、狂言をはじめる前に本堂で、住職と狂言衆と参詣人が念仏の斉唱をするのを正行念仏といっている。このとき清涼寺釈迦堂ではハハミタ念仏というのをとなえる。この名称のおこりは、ここの融通大念仏をはじめた円覚十万上人は、もと南都東大寺のあたりに捨てられていた捨て子であったが、拾われて東大寺でそだてられた。『壬生謝天伝』（天明年間、文坡著）によれば、父は大鳥左衛門尉広元といい、拾ったのは京都万里小路の梅本謝天であるというが、たしかでない。また円覚十万上人道御をテーマにした謡曲「百万」（世阿弥作）では、拾ったのは和州三芳野の者で、捨てられていたのは西大寺のあたりであったという。ともあれ道御が捨て子であったことはたしからしいので、のちに勧進聖となって嵯峨念仏をはじめたとき、狂女となったわが母をさがすために

母見たや　母見たや
母見たや　母見たや

ととなえさせたのが、ハハミタ念仏だというのである。

この話は謡曲になっていて、狂女物のフィクションのように見えるが、道御は実在の人物である。京都花園の法金剛院には、鎌倉末期の肖像画がのこっており

常に持斎(じさい)と念仏とを勧め、普(あまね)く若干の衆生を済(すく)ふ。世に之を十万上人と謂(い)ふ。（中略）或は浄財を移して、廃寺を修し、悲田の貧病(ひんびょう)を拯(すく)い、員扉(いんぴ)の冤囚(えんしゅう)を賑(にぎわ)す。

とあって、典型的な勧進聖であった。この道御が弘安二年（一二七九）に、聖徳太子の夢告によって融通大念仏をはじめたことは、『融通大念仏縁起』（清凉寺本）にあきらかで、これをハハミタとしたのは、嵯峨大念仏会で狂女の母に再会したという「百万」の影響であろう。というのは、道御のはじめた持斎大念仏は、やがて六斎念仏になるが、六斎念仏の「坂東」という曲の十五繰目(くりめ)には

(調声)はは あ　あ　あみた　ああ　あん　なあんばいみーだ　あ　あんぶつー
(付)ハハア　アア　ミターア　アア　アン　ナアンバイーミーダ　アンブツ　ナムアミダアン

ブツナム　アイ　アイダ　アアア　アアアア、ユーヅウ（融通）　ネエンブツ（念仏）　ナム　アアアイダ
ー

という一節があって、融通念仏の発声をこじつけたことは、あきらかである。（『日本庶民生活史料集成』第十七巻『民間芸能』参照）

このような「歌う念仏」としての融通念仏が、道御のはじめた嵯峨大念仏狂言や、壬生大念仏狂言の正行念仏であって、この大合唱のあいだに乱行念仏である狂言がおこなわれたのであるから、科白がききとれるはずもなく、この狂言はパントマイムたらざるをえなかったのである。これに不立文字の禅問答の要素がくわわり、有言よりも無言の方が仏教の真理を表現できるという思想から、無言になったものと、私はかんがえる。その上、仏教の芸能は最初から無言であったらしい。これは外来芸能であったため、言語上の制約があったからであろう。

## 二　仏教法会と伎楽・舞楽

仏教芸能の起源は伎楽にある。伎楽といえば、いまは正倉院御物の伎楽面（百六十四口）と衣裳残欠や、法隆寺、西大寺、広隆寺、観世音寺などの資財帳に、伎楽面や衣裳の名が見えるにすぎない、とおもわれがちである。事実、天福元年（一二三三）に狛近真が書きのこ

した『教訓抄』（巻四）にも、すでに伎楽（妓楽）は絶えて、わずかに東大寺、興福寺、四天王寺、住吉社に残留するのみといっている。

しかし私は日本全土に分布する獅子舞と天狗面の露払いと「王の舞」は、すべて伎楽の師子と治道（ちどう）の残留とかんがえている。また田楽や念仏踊りに立てる風流傘も、伎楽の帽冠（ほうこ）から来たものとおもう。その証明は別の機会にゆずりたいが、この伎楽が推古天皇二十年（六一二）に百済の味摩之によって伝えられてからは、もっぱら諸大寺の法会に演奏された。とくに四月八日の仏生会と七月十五日の伎楽会には、かならず演奏された記録がある。

法隆寺献納御物の伎楽面はこの味摩之伝来そのままのものと信じられるから、伎楽ははじめから仏教が外道よりすぐれていることをテーマにした演劇であった。というのは仏教擁護の金剛と力士が、外道の婆羅門や崑崙を屈服させる筋のドラマだったからである。

舞にさきだって行道がある。師子と治道（鼻高面）が先頭に立って露払いをする。つぎに踊子と笛と帽冠と太鼓、銅拍子がつづく。舞台に入ると師子が師子じゃらしの童子を相手に、師子舞をする。今日の獅子舞とおなじであったろう。つぎに呉公と五人の呉女が出て舞を舞うのは、仏にささげる芸能であったろう。というのは、呉女の二人は燈籠の前に立ち、二人は袋を頭にのせるとあるからである。そこに外道の婆羅門と崑崙が出て来て、婆羅門はムツキアラヒという下品な舞をする。これを抃悦ともいうとある。崑崙は五人の呉女のうちの二人に懸想して、卑猥なマラフリ舞という舞をする。現在の民俗芸能にもよくある舞で、わが国では収穫や漁猟の豊かさをもたらす神態(かみわざ)と信じられる。しかし、ここでは仏教にたいして外道の醜悪さを印象づけようとするものであったろう。

　このとき仏教の守護神としての迦楼羅(かるら)と金剛と力士が登場する。迦楼羅は例の烏天狗(からすてんぐ)の面の原型で、毒蛇をたべるというするどい嘴(くちばし)が顔の前方に突出している。その舞の説明はないが、假蘭(かるら)と書いた目録もあるといい、おそらく羽搏(はばた)きをして、婆羅門と崑崙を威嚇する舞だったであろう。金剛はケラハミという舞だというから、鉧(けら)（粗鋼）を嚙(か)むような歯嚙みをして威嚇したものとおもわれる。この金剛が開門すると力士が手叩(てたた)きをしながら走り出て、崑崙の振るマラカタに縄をつけて打ち折り、散々にいためつける舞をするとある。しかしこれにも異説が鎌倉時代にはできていたと見えて、

　或人云ク、釈迦仏ノ御閇(おんまら)也。ヨハヒマワスト云ハ是也ト云フ

とあって、意味不明になっている。もちろん金剛と力士はのちに伽藍の守門神となり、仁王（阿吽(あうん)）ともよばれるようになる。このあたりの大立ち回りが伎楽の呼物で、見物人は大喝采(だいかっさい)をおくりたのしんだであろう。古代の伽藍は平素は庶民の立ち入りを禁じていたが、伎楽のおこなわれるような大法会には入場観覧をゆるし、その上、食物の施行をする設斎まで催されたのである。

　金剛、力士の大活躍のあと、太孤父(たいこふ)と太孤児(たいこじ)が出て、仏前にすすんで礼拝をする。これが

鎌倉時代には太孤父が老女の姿になり、継子の太孤児に腰を押させ、膝を打たせながら仏前へ出たと『教訓抄』にあるから、平泉毛越寺の延年舞の「老女」はこの伎楽がのこったのである。最後におそらく余興であろうが、酔胡王と酔胡従が鼻の曲がった赤ら顔の奇怪な面で、酔っぱらいの舞をした。総じて喜劇的な演技のなかで、仏教の権威と、伽藍本尊の霊威をデモンストレートするものであった。

古典芸能としての舞楽もしばしば仏教法会に演じられたが、とくに仏教をテーマとしたものに「万秋楽」と「菩薩」と「迦陵頻」がある。「万秋楽」は今日はあまり演奏されないが、『教訓抄』（巻二）では百済国より婆羅門僧正の伝来した「仏世界の曲」であるという。昔、肥前の国の肥沽崎というところは、観音と地蔵の来りたまう霊地であったが、睿効と勝行という二人の僧が、塩断ち、穀断ち、火食断ちの苦行をして、二菩薩の出現を見たときの音楽であったという。そのときの詞は

毎日晨朝入諸定　入諸地獄令離苦
無仏世界度衆生　今世後世能引導

とあって、観音と地蔵の二菩薩は毎朝入定しては地獄へゆき、亡者の苦をすくい、無仏世界になやむ衆生のために、現世と来世の救済をする、との意である。またこの曲の破調は日蔵上人が渡唐のとき伝来したとも、実忠和尚が笠置山中で都率内院に参詣して、菩薩聖衆の来

迎の曲をうつしたともいう。したがって笠置寺八講に、かならず「万秋楽」を舞った辻則近という楽人は、臨終めでたく往生したとある。また堀河左大臣（道長の子、頼宗）が弥勒来迎にあずかり、都率往生したときも、この「万秋楽」がきこえたという。

舞楽の「菩薩」と「迦陵頻」はもっとも仏教的で、菩薩は行道にもちいられたが、近来絶えたと『教訓抄』（巻四）にある。しかし越前の川西町糸崎（現福井市）の糸崎寺観音堂の「仏の舞」や、紀州旧花園村梁瀬の「仏の舞」、遠州水窪町（現浜松市）西浦田楽の「仏の舞」（六観音行道）などは、いずれも舞楽「菩薩」ののこった幽玄な芸能である。「迦陵頻」は「胡蝶」とともに童舞として、いまも供花、献供に舞われしたしまれている。各地の延年舞や田楽の稚児舞としてもよく残っている。

四天王寺につたわる「蘇莫者」も仏縁ふかい舞楽である。いま大峯奥駈道に蘇莫岳があり、頂上の巨大な舞台石が、前鬼へくだる道から仰ぎ見ることができる。役行者がここを通るとき笛を吹いたら、山神があらわれて舞ったといい、また聖徳太子が河内の亀ケ瀬を通ったとき尺八を吹いたところ、山神が出て舞ったともいう。亀ケ瀬は葛城修験二十八宿の最後の宿だから、山伏が修行を終わって延年を舞ったとき、この舞楽があったものとおもわれる。

## 三　能楽に見る念仏と禅法

古代の芸能は伎楽、舞楽のほかに散楽（さんがく）という外来芸能があって、日本固有の神楽、田楽と習合した。とくに散楽は神楽、田楽および仏教の呪師芸（しゅしげい）と結合して猿楽（申楽）という伝統芸能を生んだ。現在五流の能楽とよばれるものは、近世に入って大きな変化をとげたようであるが、念仏を主題にしたものに「百万」「隅田川」「三山（みつやま）」「土車（つちぐるま）」「弱法師（よろぼうし）」などがある。『申楽談義（さるがくだんぎ）』には「念仏の申楽」というものが出るが、これらのうちの一つか、あるいはまったく別のものかわからない。しかしその芸能は

一心不乱に南無阿弥陀仏と申して、鉦鼓（しょうこ）を叩きて出でて、りやうりやうと二三遍、拍子にもかからず打出だして、双の手合せ、古体に拝みしなり。言葉のつまに、南無阿弥陀仏と一心不乱に、誠に常のやうに申して

とあるから、つぎのような「隅田川」を指しているのかもしれない。

南無や西方極楽世界、三十六万億、同号同名阿弥陀仏、南無阿弥陀仏、南無阿弥陀仏、南無阿弥陀仏、南無阿弥陀仏、
隅田河原の波風も、声立て添へて、南無阿弥陀仏、南無阿弥陀仏、南無阿弥陀仏、

このような念仏の節付けは、現存の六斎念仏に見ることができるもので、「南無や西方極

楽世界」以下の文言は、大和南部、五條市あたりの六斎念仏の「しころの讃」とまったくおなじである。また「嵯峨の大念仏の女物狂の能」と『申楽談義』にあるのは、いうまでもなく「百万」で、世阿弥はこれを舞う父観阿弥は、「幽玄無上の風体」であったとのべている。また「弱法師」は四天王寺の西門念仏を救いのテーマにした継母悲劇で、説経にかたられては「俊徳丸」となり、歌舞伎では「摂州合邦辻」として知られている。河内の国高安の里の左衛門尉通俊の一子は、継母のために盲目となり、弱法師とよばれて乞丐放浪の旅にほうり出される。これを彼岸にいとなまれる四天王寺の西門念仏（別時念仏）で、一七日の施行をひく父通俊の功徳によって、父子再会の上、帰郷することができたという筋である。

> さすが名に負ふこの寺の、仏法最初の天王寺の、石の鳥居ここなれや。立ち寄りて拝まん、いざ立ち寄りて拝まん。
> 頃はきさらぎ時正の日（彼岸中日）、誠に時も長閑なる、日を得てあまねき貴賤の場に、施行をなして勧めけり。

これは人の世の宿業による悲劇をかたるとともに、四天王寺西門の日想観のいわれを説き、その上、霊仏霊社でめぐまれぬ乞丐者に布施行をすることの功徳を知らしめるのである。

また謡曲はその成立時の時代背景から、禅の精神をつたえることが多い。そのなかでもっともポピュラーな曲が「放下僧」である。この曲で連想されるのは現在三河の奥地、新城市の一部に「放下大念仏」という踊り念仏があることである。ここで本来ならば禅法をつたえる放浪芸能者としての放下僧が、大念仏をするのはなぜだろうか。

これも庶民芸能は庶民信仰とおなじく、宗派や教理にこだわらないことをしめしている。暮露（梵論師、虚無僧）も禅からでた放浪芸能者であるにかかわらず、『徒然草』（百十五段）に

宿河原といふところにて、ぼろぼろおほく集りて、九品の念仏を申しけるに

とあるように、大念仏を修する。謡曲の「東岸居士」も京都五条の大橋の東岸において、禅語をかたったり念仏をといたり、ササラや八撥や羯鼓を打って曲舞をするが、これは五条の橋の架替の費用を勧進するからであった。

このように放下僧も暮露も橋聖も、橋や道路や堂塔造営の勧進をするために、禅の説教とともに踊り念仏や曲舞の芸能をしたのである。したがって「放下僧」では、手に持つ拄杖と団扇と弓矢についての禅問答のすえ、結局、

「さて放下僧は、何れの祖師禅法を御伝へ候ふぞ。面々の宗体が承りたく候」、「われらが宗体と申すは、教外別伝にして、言ふもいはれず説くもとかれず。言句に出せば教に落

ち、文字を立つれば宗体に背く。ただ一葉の翻る、風の行方を御覧ぜよ」と禅をかたりながら、やがてコキリコ（二本の小さな竹）をまわして有名な曲舞の狂言小歌をうたう。

西は法輪、嵯峨の御寺、廻らば廻れ、水車の輪の、臨川堰の川波、川柳は水に揉まるる。しだり柳は風に揉まるる。ふくら雀は竹に揉まるる。都の牛は車に揉まるる。茶臼は挽木に揉まるる。げにまこと、忘れたりとよ。こきりこは放下に揉まるる。こきりこの二つの竹の、代々（節々）を重ねて、打ち治まりたる浮世かな。

このようにして禅も念仏も、芸能の世界では共存でき、庶民の心をゆたかにし、仏の現世来世にわたる救済を信じて、日々の生活に安心とよろこびをえたのであった。

## 四　歌舞伎の六方と念仏踊り

説経は平安時代から芸能的要素をもっていたが、中世ではますます芸能として独立して説経浄瑠璃になった。

今日、古浄瑠璃というのは近松門左衛門以前をさすことになっているが、近松より一世紀半も前の『柴屋軒宗長日記』では、享禄四年（一五三一）のころ、田舎わたらいする座頭が駿河の国で浄瑠璃をうたっていた。このころの浄瑠璃がいかなるものであったかはあきらかでないけれども、以前に私の編集した『民間芸能』（『日本庶民生活史料集成』第十七巻）の古浄瑠璃の部では、「中将姫本地」「住吉五大力菩薩」「あたごの本地」「桂泉観世音之御本地」など、内容は説経と大差のないものである。

しかし中世から近世へのうつりかわりには、中世の女曲舞や小歌踊りから歌舞伎踊りへの大転回があった。浄瑠璃はこの歌舞伎踊りとむすぶことによって、近世演劇の王座をしめる歌舞伎を生むことになる。そしてこの大転回の先駆者的名誉をになったのが、出雲大社の勧進巫女、お国であった。

お国の歌舞伎踊りがはじめて文献に出るのは、関ケ原合戦から三年目の慶長八年（一六〇三）であった。その前はヤヤコオドリとよばれる小歌踊りと曲舞であったが、このとき旅僧姿で鉦鼓をうつ念仏踊りと、豪華な歌舞伎踊りとを結合した独創的なお国歌舞伎で、都の話題をさらった。この念仏踊りというのはいろいろ誤解されているけれども、結局は『梁塵秘抄』の今様歌や、『閑吟集』の室町小歌を、融通念仏をうたう節にのせてうたうのが歌念仏というもので、歌念仏にあわせて踊るのが、念仏踊りであった。

ところでこの念仏踊りがどうして喝采を博したのであろうか。これには二つの理由があって、その一は中世の大念仏供養を踏襲して、お国の歌念仏と鉦鼓にひかれて、名古屋山三の亡霊がよびだされる趣向をとったことである。このころ津山藩士であった名古屋山三は、すでに死んでいたことが考証されているので、名古屋に扮したのは別の男優だったらしい。もう一つの理由は、亡霊に扮して念仏によび寄せられ、舞台の上にあがって、山三とお国の酒宴になると、からりと気分をかえて豪華な歌舞伎踊りを展開した変化の妙である。歌舞伎というのは「異様な」とか「派手な」という意味で、多数の美女が男装したり、華麗な衣裳をつけてレヴューのような惣踊りをすることであった。

念仏踊りの暗く幽玄な中世的雰囲気を一気にふきとばして、近世の人間性まるだしの快楽を追求しようとする時代の好みに、ぴったりする演出だったわけである。

しかし歌舞伎踊りになってからの歌も、中世以来の「小原木踊り」とか「しのびおどり」とか、「ひんだおどり」「いなばおどり」「ふじのおどり」などの小歌を、融通念仏の節にのせたものであったから、広い意味では依然として念仏踊りであった。したがって筋もきわめて簡単で、踊り（所作事）を主体とした演出だったといえる。これがやがて近松以後の脚本でストーリイ中心の劇的演出になると、仏教的表現は「菅原伝授手習鑑」寺子屋の場の「いろは送り」や、「一谷嫩軍記」弥陀六の石塔供養のような点景として後退する。

しかし、それでも歌舞伎は仏教からまったくはなれてしまったわけではない。その演技の基本をなす「六方」は仏教の咒師芸をもとにして発展したものである。咒師は東大寺お水取り（二月堂修二会）の

## 水取りや　氷の僧の　沓の音

で知られるように、やたらに足踏みをして沓の音をたてる。修二会行中の寒夜にきくこの音は印象的であるが、これは咒師が結界の咒法を効果あらしめるために、悪魔をはらう「だだ」の音をたてているのである。

「だだ」は「だだをこねる」「地だんだをふむ」というように、その場ではげしく足踏みをすることである。掌を打ち合わせる拍掌（はくしょう）も、指と指で音を立てる弾指（たんじ）も、密教の印（いん）の一種になって「オンボッケン」と悪魔を払う咒法になったが、「だだ」はもっと原始的な咒法である。東大寺ではこれを「達陀（だつだ）」と書いていながら、ダッタンと発音するので、ある著名な文化人がダッタン、すなわち満州蒙古（もうこ）の北方におった韃靼族（だつたんぞく）の火祭りをつたえたものであろうと解釈した。私はすでに昭和二十八年から「だだ」足踏説を出しているが、まだ韃靼火祭説やイラン伝来説をとっている人もあるらしい。すべての現象を、日本の言語や民俗で理解するよりも、海外の知識をふりまわすのが、恰好がいいとおもう文化人の習性である。

ところがこの咒的足踏みを、私も文化人の顰（ひそみ）にならってマジカル・ステップスとよぶことにしているが、実はこれが歌舞伎の「六方」である。これは東大寺の修二会にたいして、各地の修正会（しゅしょうえ）に見られる。すなわち修正会の咒師芸は鬼走（おにばしり）となったが、この鬼走または鬼踊りを出す修正会では、鬼は仏前に立って東・西・南・北・上・下と六方に、または東・西・南・北・中央と五方に足踏みをするのである。これでその道場なり、村なり、国の中の悪魔を一切境外へ追いだすマジックとする。三河の花祭の鬼もこれであるが、五方結界をする。

修正会に軍荼利法を修するところが多いので、五方結界が多いけれども、播磨の諸寺には六方結界が見られる。有名な興福寺の六方衆も咒師が山伏化したものであるから、六方結界からでた名称とおもわれる。因みに「六法」と書くのは誤りで、六方は「踏む」もので「振る」ものではない。仏教的起源をふまえないと、芸能史や歌舞伎の解説はしばしば誤りを犯すことになる。

## 五　説経祭文からチョンガレと「くどき」へ

仏教にかかわりのある日本の庶民芸能も、舞楽や能や歌舞伎のように貴族化して、無形文化財などと国家の保護を受けるようなものがある。私なども京都におりながら近年は、大歌舞伎の師走顔見世興行の切符が全然手に入らないで、あきらめているほどお客があるのに、国家の保護が必要というのはどうなっているんだろうとおもう。これに対してきわめて庶民的な落語・講談・浪曲の方の保護はどうなのだろうか。私はこの方が心配である。熊さん八さんの下品な趣味なんかどうでもいいと、文化行政官僚はかんがえているのだろうか。

古代から中世にかけて、あれだけ庶民のあいだに仏教をひろめ、かつ浸透させた説経は、浄瑠璃となって近世の舞台芸術に出世した半面、説経祭文となってくずれ山伏の放浪芸におちた。もちろん祭文は山伏の神事祈禱に祝詞のようによみあげて、神おろしや神の恩寵をねがうものであった。これが江戸時代には「もじり祭文」となって、卑猥な言辞や駄洒落を弄するものが多くなった。また歌祭文とよばれるものは「八百屋お七恋路の歌祭文」とか「お染久松藪入心中祭文」あるいは「お俊伝兵衛祭文」のような心中物をかたり、また「町づくし」や「橋づくし」のような、物尽くしをかたることもあった。

もちろん中世以来の五説経のような説経もかたったが、門や辻に立って語るのであるから、段物の一段か、さわりだけを錫杖と法螺貝の伴奏で語るのがふつうであった。これは歌説経ともよばれ、「五翠殿」「愛護若」「苅萱」「小栗判官」「俊徳丸」などがレパートリーであった。しかしかつての説経や祭文が仏教の故事や霊仏の縁起や本地をかたったのにくらべれば、いちじるしく世俗化したのである。

しかしこれは説経が別の芸能に脱皮する前駆現象であったともいえる。そして一般民衆がこれを語りうたうことができるようになるための、普遍化の変形であった。すなわちそれは語り物の「くどき」化だったのである。

現在、民衆自身が盆踊りなどに説経祭文の一部をうたえるのは、これが「くどき」になったためである。私はこれはプロの芸がアマチュアのものになるための一大革命であったともかんがえている。いいかえれば説経祭文が「民謡」になったのである。

民謡といえば「木曾節」や「黒田節」とかんがえているのは、曲がなさすぎる。これらは民謡のなかのバラード（小歌）であって、もっと大きな部分がエピックソング（物語歌謡＝くどき）なのである。盆踊りには関東ならば「八木節」、関西ならば「江州音頭」がうたわれる。あるいは「小念仏」（飴屋節）や「万作節」、東北の「安珍念仏」や「津軽じょんがら節」も「くどき」である。それらは「国定忠治」や「佐倉宗五郎」「鈴木主水」「広大寺和尚」「葛の葉」「石童丸」「小栗判官」などを長々とくどくのである。

「くどき」ということは柳田國男翁も『民謡覚書』のなかで、意味不明としたが、私は七、七、七、七の詩型を二小節一句として、おなじ節をくりかえすのが「くどき」であるとかんがえている。「くどくどとおなじ節をくりかえす」から「くどき」なのである。このためどんな音痴でも、節を一つおぼえれば、どれほど長い説経の叙事詩でもうたうことができるようになった。このような説経祭文から「くどき」への転回をもたらしたのが、チョンガレである。

チョンガレは一般に浪花節の前身といわれている。しかしそれよりも大きな歌謡史的意義は、説経祭文を民衆のうたいやすい「くどき」形式に変化させたことにある。

現在でもわれわれが民俗採訪をすれば、一、二の古老はチョンガレの二、三節はかたることができるものである。しかし越中砺波地方ではどうしたことか尨大なチョンガレ写本の集積が発見された。これは盆踊りや村祭にさかんにうたわれたばかりでなく、チョンガレの競演があって、その横綱、大関、関脇などの番付が神社に掲額されるためでもあったらしい。

私は越中チョンガレでは、㈠高岡市戸出町チョンガレ、㈡砺波市鷹栖チョンガレ、㈢井波町チョンガレ、㈣福光町チョンガレを採訪することができたが、仏教に関するものが非常に多い。一般には武勇物や人情物、盗賊物や一揆物、伝奇物、説経物の一段か二段をくどくのであるが、「釈迦八相記ちょんがれぶし」（安政年間写）や「目連尊者ちょんがれぶし」「親鸞経」などがある。「目連尊者ちょんがれぶし」とおなじものは、加賀の旧石川郡白峰村桑島の「じょうかべ」（ちょんがれの訛りか）に「目連尊者地獄めぐり」があるから、その分布はひろい。またこれらのチョンガレのもとになったとおもわれる「綽如上人記、五段次第」という浄瑠璃風の元禄三年写本ものこされていた。

しかしこれらはくずれ山伏や願人坊、あるいは「ちょんがれ坊主」とよばれる門付芸人から、小屋がけの舞台芸人がうたうようになると、芸の複雑化と洗練がおこり、ふたたびプロの芸になった。これが浮かれ節（浮連節）とよばれた浪花節である。そして錫杖と法螺貝のかわりに三味線で伴奏するようになった。この変化がいつごろか正確な年代はわからないが、幕末明治初年にかけて、浪花伊助とか竹川条吉、広沢岩助などが出たころであろう。とくに明治十年に「うかれ節」の井上新之助、のちの広沢虎造が大阪府の芸人鑑札をうけたころには、今日の浪曲の基ができていたものとおもわれる。

このようにして大衆演芸としての浪曲の成立があったのであるが、その元はといえばチョンガレ、あるいはデロレン祭文とよばれた説経祭文であった。それにもまして説経祭文が大衆芸能として、いまだに宗教性をうしなわずにうたわれているのは盆踊りの「くどき」である。

数年前に、私は奥備中の旧神郷町下神代の盆踊りに出合うことができたが、清潔な寺の庭で、少年も少女も主婦も老婆も一つ輪にとけこんで、「佐倉宗吾くどき」や「石童丸苅萱道心くどき」の音頭で、黙々と踊っているのに感動した。過疎の村の、その華やかにも淋しい踊り手の姿を私はいまだにわすれることができない。仏教と芸能の世界は、このような山村にまだいきいきとのこっていたのである。

# 説経から「語り物」へ

## 一

一時期、小沢昭一氏の節談説教が好評を博し、各地で公演を重ねたことがある。私も一度きいたが、まことに堂に入ったもので、本職の説教者よりありがたく拝聴できた。一時代前であったら、各地の説教会座からひっぱり凧になって、大いに座をなしたことだろう。

私のきいた説教は「当麻曼陀羅絵解」であった。いうまでもなく当麻曼陀羅は観無量寿経にとかれた浄土のありさまを描いた変相図であるから、絵解きすることが目的である。したがって曼陀羅の右縁と左縁と下縁に絵解きのための三十三段の絵と銘文がかかれている。右縁は観経にとかれた阿闍世王の悪行とそれによって苦しむ頻婆沙羅王と王后韋提希夫人の物語を六縁十一段にえがく。また左縁には日想観・水想観・宝地観・宝樹観・宝池観・宝楼観・華座観・形像観・真身観・観音観・勢至観・普観・雑想観の定善義十三観を十三段にえがき、下縁の散善義三観の九品九段とあわせて、十六観をあらわしている。

節談説教はまず右縁の禁父縁・禁母縁の、阿闍世王の悪行をさて皆の衆、ここに切指の因縁を、きくのと同じ七重八重、恩愛ふかき父王を、牢舎におしこめ食を絶ち、王位をとらん、いやそれのみならず、命をまでも奪はんと、

という風に語ってゆく。音吐朗々、メリハリの節おもしろく、噛んでふくめるような説きぶりである。

お経というものもこのようにとけば、文学であり芸能である。庶民が仏教経典にかかわりをもつのは、こうした芸能を通してであったことは、中国も日本もおなじだった。中国の敦煌千仏洞にも観経変があるので、これを説経する変文の存在が推定される。また日本の古代写経奥書に「教化僧」や「化主」の名が見えるのも、このような芸能的説経が存在したことの証拠とすることができよう。

ここで芸能的説経といったのは、すこしていねいすぎる言い方で、もともと説経というのは宗教的芸能だったのである。これに対して説教は教理や教説を説くもので、芸能たるを要しない。しかし古代や中世の説経は安楽庵策伝などを通して近世にうけつがれたので、とくにこれを節談としたわけである。

私のきいた小沢昭一氏の節談説教は、これの伝承者である名古屋の祖父江師から伝授されたということであるが、なるほど説経と説教の中間をゆくものであった。芸能史上、いわゆる「語り物」に属するが、節よりも語りに重点をおいている。とぼけたようで、ふてぶてし

く、人を喰ったような語り口は、いかにも生臭坊主らしくて、中世の説経師を髣髴させる。いうまでもなく安居院流の説経師は、澄憲いらい妻帯世襲をもって知られ、公然たる生臭坊主であった。しかし古代ではどうだったのだろうか。

これも行基集団のなかには説経師がふくまれていたとおもわれるが、かれらは私度沙弥であり、優婆塞だったから、妻帯がふつうだったらしい。弘法大師伝のなかには「行基の弟子の妻」から、鉄鉢をあたえられた話がある。また養老六年(七二二)七月十日の太政官奏には、

祖父江省念師の節談説教

> 浅識軽智を以て、巧みに罪福の因果を説き、戒律を練らずして、都裏の衆庶を詐り誘なふ。内には聖教を黷し、外には皇猷を虧く。遂に人の妻子をして剃髪刻膚せしめ、動もすれば、仏法と称して、輙く室家を離れしむ。綱紀に懲ることなく、親夫を顧ず、或は経を負ひ、鉢を捧げ、街衢の間に乞食す。

とあるので、行基集団には女子、すなわち優婆夷も

すくなからず混入し、全体として戒律もまもらなかった。かれらはたしかに仏教統制機関である僧綱からみれば、まさしく浅識軽智だったにちがいない。そのくせ因果応報の因縁話をまことしやかに語っていたのである。この語りに節があったかどうかはあきらかでないが、『大日本国現報善悪霊異記』はまさしくこの「罪福の因果」を説く説経のテキストであり、歌詠の部分などは節をつけてうたったにちがいない。

天武十四年（六八五）と推定される「歳次丙戌年五月」に、河内志貴郡内で知識（講中）をつくって金剛場陀羅尼経を書写した「教化僧宝林」は、わが国で最初に名の出る説経僧である。これらの教化僧の頭目になって、大きな写経を完成する者は「化主」（教化主）とよばれたことが、紀州奥高野、『花園村大般若経』（巻四百二十一）の奥跋に見える。したがって説経と教化がおなじとすれば、教化とよばれる韻文が節をつけて歌詠されたのはたしかであり、これが和讃の源になったことは、和讃史の上からもあきらかである。教化は修正会・修二会や法華八講や仏名会、あるいは御影供のような日本的法会にうたわれた。仏足石歌なども教化の一種であろう。たとえば、香積房懐空のあつめた永保二年（一〇八二）十二月の仏名会の教化では

罪業ノ霜ト雪ヲ戴ケル身ハ　冬ノ末ノ思アレド　懺悔ノ御願ニ参リヌレバ　諸仏ノ光ニ照ラサレナント憑メル

三朝ノ君ニ仕ヘテ　二代ニハ天恩ヲ蒙レリケリ　四海無為ノ代ニ遇マウアヘリ　恩ノ波ニ

ハ繋(つなが)リナントゾ　思ユル
年ノ若ク成ナラバ　仕ヘテ後栄ヲ期シツベシ　八旬ニ向ナントス　前途憑(たの)ミ難クモ思ホユルカナ
凡ノ公請(くしょう)四十年　御導師ノ仕(つかえ)ハ三十年　奉公両方年老タリ　槿花(きんか)一日ノ栄ヲ開カント思ユル
三有(さんぬ)ノ海広ク深シ　罪ニ沈メル者イクバクゾ　弘誓(ぐぜい)ノ纜(ともづな)ヲ解タマヘバ　沈メル愁ハ有ラジトゾ思ユル

というように、導師の述懐のうちに、罪業と懺悔の功徳をとくのである。いかにも平易に、したしみやすく、仏教というものを浸透させる歌詠的語り物といえよう。口をひらけば「八不中道(はっぷちゅうどう)」や「一念三千(いちねんさんぜん)」を説くよりも、やんわりと仏教のムードに浸らせてしまう力を、このような歌詠はもっている。

## 二

教化や和讃が説経になるまでには、中間に講式があったとかんがえられる。もちろん初期の説経は話の種を、唱導説話の『日本霊異記』や『今昔物語』、あるいは当麻(たいま)曼陀羅(まんだら)の外縁銘文に見られるような、経典のなかからとっている。また『三宝絵詞』なども素材となったであろう。

しかしその節付けは講式が基本で、いささかねむいような抑揚のメロディーでかたられたのである。発声と音階はもちろん声明(しょうみょう)から出ているが、講式やのちの説経には、日本固有の発声法である朗詠の混入を否定することはできない。講式はいま四座講式や二十五三昧式がのこっているが、四座講式は高野山の常楽会(じょうらくえ)(涅槃会)にうたわれるのが代表的である。雪にうもれて白一色の高野山の二月十四日の夜半から、十五日の朝にかけてうたわれるこの講式は、われわれを釈尊時代へとさそいこみ、跋提河畔(ばつだいかはん)の沙羅林(さらりん)に居るような錯覚をさえあたえる。本文は栂尾の明恵上人作といわれ、

拘戸那(くしな)城外跋提河(ばつだいが)、沙羅林中双樹間

ではじまる名文である。私はこの講式を日本音楽の最高傑作の一つとかんがえており、私の高野山の想い出のもっとも清浄で幽玄な印象となっている。

二十五三昧式は高野山金剛三昧院蔵の講式(巻子本(かんすぼん))五巻がのこっているから、鎌倉時代初期には高野山でうたわれたものである。しかし最近では天台宗所用のものを、私は青蓮院(しょうれんいん)できくことができた。いわゆる六道講式であるから、地獄・餓鬼・畜生・修羅・人間・天の六道のくるしみが生々と説かれる。『日本霊異記』にも地獄のありさまが多数でてくるので、初期の説経の主要なテーマが地獄巡りであったことはうたがいない。そしてこのテーマ

は六道講式から、無常和讃や厭欣（おんごん）和讃や賽の河原和讃になり、やがて祭文の「賽の河原涙の積石」などや、説経、古浄瑠璃の地獄描写へとつながった。

私は説経のもっとも原始的な形は「地獄語り」で、これに対応させる意味で「浄土語り」がでたものとかんがえる。このことは『往生要集』の構成を見てもわかることで、まず厭離（おんり）穢土（えど）で六道を説き、ついで欣求（ごんぐ）浄土（じょうど）で極楽のありさまをのべるのである。古浄瑠璃「梶原最後、しづかあづまくだり」の三段目でも、義経の亡霊があらわれて地獄のくるしみをかたるのは、中世の絵解説経をうけているからである。また本格的な奥浄瑠璃である「桂泉観世音之御本地」（『日本庶民生活史料集成』第十七巻『民間芸能』所載）でも一百三十六地獄をかたるところで、俄然（がぜん）生彩をおびる。

　又かたはらを見給へば、八ねつ（熱）地獄のさけぶ声、耳にきこえてすさまじく、うしろを見れば八かん（寒）のかほり（氷）に身をとぢられて、はだへ（膚）はとりとりわれ（破）給ひ、はちす（蓮）の花のひらけるごとくなる故に、ぐれん〔紅蓮〕地獄と名付たり。夫（それ）地獄のくるしみは、或はとうゑん〔猛炎〕明（猛）火にこがされ、又はたうざんけんしゅ〔刀山剣首〕につらぬかれ、苦は様々にかわれ共、皆是しやばに有し時、十悪五逆を作りしは、皆此なりにだざい〔堕在〕して、苦患（くげん）を請くるあはれなり

というふうに、生々しくかたられるのである。『平家物語』が唱導文学として、盲僧の琵琶（びわ）によってかたられたことはよく知られているが、これも軍記物語の無常観と結合した説経だ

ったのである。とくに最後の「灌頂巻」に六道の苦をかたるところで、説経の本質をあらわしている。これはのちに説経が世俗物語化して、軍記や恋や心中の「語り物」になってゆく伏線と見ることができよう。

## 三

説経は江戸時代に入ると説経浄瑠璃になる。しかし中世にはもっと説経的性格を濃厚にのこした古浄瑠璃として、縁起や霊験や神仏の本地をかたった。

中世には盲僧が古浄瑠璃をかたっていたもので、逢坂山の蟬丸宮はのちのちまで説経師の支配をしたばかりでなく、『宗長日記』によると、享禄四年（一五三一）に駿河国宇津山で「田舎わたらひする小座頭」に浄瑠璃をうたわせたとある。これは十六世紀初頭には、説経から脱化した古浄瑠璃を盲僧がうたっていたことの史料である。だから喜多村信節の『嬉遊笑覧』（音曲部）に

　浄瑠璃は平家をとり、説経を学びて作れるものとみゆ

とあるのは、古浄瑠璃の成立をよく見抜いている。

また『猿轡』によると、文安年中（一四四四―四九）に、宇田勾当という座頭が、因幡堂

薬師如来の盲人開眼の功徳を説経するために、浄瑠璃をつくったとのべている。浄瑠璃の名称も、薬師の浄土である浄瑠璃世界からとったといい、薬師十二神将にならって十二段草紙にしたという。義経と浄瑠璃姫のロマンスを、十二段草紙にしたのが、浄瑠璃の起源だとする説よりこの方がたしかだとおもわれる。

一般に古浄瑠璃といえば坂田金時（さかたのきんとき）の子、公平（きんぴら）の武勇をかたる金平（きんぴら）浄瑠璃とかんがえられがちであるが、社寺の縁起や利益霊験、あるいは神仏の本地や高僧の伝記をかたるものがすくなくない。昭和四十七年に編集した『民間芸能』（三一書房刊『日本庶民生活史料集成』第十七巻）に採録した「古浄瑠璃」の部にも

中将姫本地　住吉五大力菩薩　あたごの本地　桂泉観世音之御本地

などがあり、とくに「桂泉観世音之御本地」は、典型的な奥浄瑠璃ということができよう。というのは芭蕉が『奥の細道』で塩釜に泊まった夜、

目盲（めくら）法師の琵琶をならして、奥上（じよう）るりと云ものをかたる。平家にもあらず舞（幸若舞）にもあらず、ひなびたる調子うち上（あげ）て（下略）

とのべているが、奥浄瑠璃は岩手県二戸市浄法寺町（じようぼうじまち）の、有名な天台寺（てんだいじ）の桂清水観音（かつらしみずかんのん）のよう

に、奥州の社寺を題材としたものだったはずである。そしてそのような本格的奥浄瑠璃は、仙台の奥浄瑠璃（お国浄瑠璃）が上方の浄瑠璃の模倣で、三味線を楽器としたのに対して、中世さながらに琵琶を楽器としてかたっていたことがわかる。

しかしそうはいうものの人間中心の近世がちかづくにつれて、神仏ばかり語っていては、欠伸(あくび)をする聴衆がでてくる。御伽草子(おとぎぞうし)も神仏の本地物にくわえて人情物が幅をきかすように、恋をかたる人情説経がもとめられる。また戦国の乱世を経た人々は、勇士へのあこがれをロマンス化して武勇物を歓迎するようにもなる。徳川初世には「梵天国(ぼんてんこく)」や「鉢被姫(はちかつぎひめ)」のような御伽草子も古浄瑠璃の節でかたられたという。このようななかで金平浄瑠璃が全盛をきわめ、また一方では人情物を主体とする説経浄瑠璃が人々を魅了することになった。

古浄瑠璃の説経的な性格をかりに「中将姫御本地(ちゅうじょうひめごほんじ)」で見てみると、その五段目は小沢昭一氏の節談説教のような絵解きである。そしてこれは当麻曼陀羅が織り上がったので、尼公（阿弥陀如来の化身）が御説法の座をもうけて説経したという趣向になっている。

まづ是成(これなる)ていさう(体相)は上ぼん(品)上しやう(生)、是は中ぼん、扨(さて)このたん(段)は下ぼん(品)也。かく九ほん(品)とたてたるは、上こん(根)、中こん(根)、下こん(根)、うへ(上)に三つ、中に三つ、下に三つ、爰(ここ)をあはせて九ほん(品)とあれ共、是はしやば(娑婆)のこんき(根機)をあらはす。忝(かたじけなく)もじやうど(浄土)にわうじやう(往生)いたしては、上中下のへだて、いささか(聊)もつて(以)さら(更)になし。ちしや(智者)もぐしや(愚者)も、なんによ(男女)のへだて(隔)すこしもなく、びやうどう(平等)にらく(楽)をうくる。これあみだぶつのせいぐはん(誓願)なれば、たれ(誰)かこれをしんぜ(信)まじきや。

という具合に、噛んでふくめるような説きかたである。これは散文であって散文でなく、声を出して読めば、自然に抑揚があって、いわゆる「語り物」になっていることがわかるだろう。

元来われわれの肉体や精神のはたらきはリズミカルで、それぞれの場に応じて自然にリズムが出てくるものであるが、このような説経のリズムは、きわめて宗教的な精神のリズムということができよう。それは内容から自然に出てくるリズムであるから、聴き手の方もリズムを媒介として、自然に内容をうけとることができる。

「中将姫御本地」はこのあと阿弥陀如来の三十二相や極楽のありさまをといてゆく。

さて此ていさう(体相)は八くどくち(功徳池)をあらはせり。ごくらくじやうどの御いけ(池)は、かたじけなくもるり(瑠璃)のみづ(水)、にごりにしまぬ、はちすば(蓮葉)は、しやうじ(生死)ふたい(不退)にはなさき(花咲)て、みなこんじき(金色)のひかりさす。すずしき風のそよそよと、みめう(微妙)のひびきめうをん(妙音)に、みのり(御法)もたへ(妙)にありがたさ、

とあり、次に左縁右縁の十六観想、十三禅定も

さてまた左のへり(縁)にあらはしたるは、につさうくはん(日想観)すいさうくはん(水想観)、右のへり(縁)は十三ぜんでう(禅定)ぐはんもん(願文)の(を)らはし、

と説いてゆく。

しかし人間はそのような有り難い鎮静的なリズムとともに、興奮的なリズムももとめるものである。そして宗教の有り難さとともに、戦闘の勇壮や、恋愛の哀婉(あいえん)に生命の律動を感ずるのである。したがって古浄瑠璃も、勇士の武勇をかたる金平浄瑠璃や、美女の悲恋をかたる心中物を多くとりあげる説経浄瑠璃へうつっていった。それにつれて語り口も豪快勇壮な薩摩節(さつまぶし)になり、優雅哀婉の文弥節(ぶんやぶし)も出てくる。そして最後には竹本義太夫がこれらを総合して義太夫節を完成する。私はこの義太夫浄瑠璃のドラマティックな語り口は、民衆の感情の起伏を赤裸々に表現したものとして、武家の式楽化した能楽の謡曲より、親近感をおぼえるものである。

## 四

説経は元来「語り物」であるが、民衆のなかにとけこむためには、踊りも狂言もカラクリも必要であった。地獄のありさまを視聴覚にうったえるための狂言は、壬生狂言や「鬼来迎(きらいごう)」(千葉県虫生広済寺(むしょうこうさいじ))などにのこっているが、ノゾキカラクリも辛うじて大阪四天王寺

四条大橋畔の景（『一遍上人絵詞伝』）

の彼岸中の見世物にのこった。これにはやはり説経調の「語り」がついていて、笞で台を打ちながら素朴にかたられる。大正年代までは等身大の人形をならべて地獄語りをする見世物もあった。『一遍上人絵詞伝』にえがかれた京都四条橋畔の傀儡師なども、地獄をかたる操人形だったにちがいない。

このような見世物に地獄が多いのは、説経や唱導の自然のすがたなのである。というのは、極楽は仏教のもたらした理想世界、したがって作為されたきれい事の世界であるのにたいして、地獄は日本人固有の死後の世界観の黄泉にちかい苦の世界、したがって現実的な世界だからである。また唱導説経は勧進が目的なので、罪のおそろしさを堕地獄の苦痛で実感させ、その苦痛からまぬかれるための滅罪の作善に参加させようとする。この滅罪の作善は念仏による極楽往生だけでなく、密教の光明真言や法華経による滅罪もある。また道をつくり、橋をかけ、貧者に施しをすることも、堕地獄の苦痛からまぬかれる作善であった。堂塔建立や、仏像造立、経典書写修復に一紙半銭の喜捨をすることは、いうまでもなく滅罪の作善であって、これに参加させるのが説経の目的であった。

このように説経は民衆の欲するあらゆる手段をもちいて、信仰に誘引し作善に参加させようとした。謡曲「自然居士」を見ると、東山雲居寺の喝食、自然居士は雲居寺造営の勧進札を売るための、一七日の説法をする。そのうちこの「自然居士と申す説経者」は

いで聴衆の眠覚さんと、高座の上にて一さし御舞有りしこと、

と、烏帽子をかむり簓をすり羯鼓を打って舞をまう。おそらく延年の風流の舞であろうが、ここで説経は「語り物」から「踊り物」に転じて行った。

一方説経は山伏の祭文とともに、歌説経、歌祭文になり、やがてチョンガレ、浪花節と変化してゆく。祭文は山伏の呪的な唱言から歌謡となり、また演技を加えるようになった。呪的唱言または寓言はコトワザであり、呪的歌謡はワザウタであり、演技はワザオギであって、修験道の呪術にもちいられながら、江戸時代には「でろれん祭文」からふざけた「もじり祭文」や「にやけ祭文」になった。また歌祭文とよばれるものは「八百屋お七恋路の歌祭文」「お染久松藪入心中祭文」のような心中物がこのんでかたられた。

チョンガレは山伏の門付芸として発生したが、やがて村々の盆踊り歌になった。節はクド

キ節で、外題は今日の浪花節とほぼおなじである。仇討物や一揆物、勇士物に盗賊物、とくに心中物などが多いと同時に諷刺物がすくなくないのは、この「語り物」が民衆の不満の吐け口を提供したからであろう。役人や庄屋、金持ち、僧侶を諷刺したものは「阿呆陀羅経」とよばれ、チャカポコチャカポコと木魚の口真似を入れて、ブギウギ調の不敵な諷刺を口を裂かれても止めないのである。支配者にとっては始末のわるい、まことに困った「語り物」だったにちがいない。

しかしそうしたなかでも、高僧一代記や地獄語りはのこっていた。これでチョンガレも説経の末裔であるという、「氏素性いやしからざる」身分を主張している。私のあつめた越中チョンガレの中には「釈迦八相記」「親鸞記」「蓮如上人御一代記」などとともに「目蓮尊者地獄巡り」があった。この地獄巡りはまことに詳細で、描写に生彩があり、節のはこびも自分が地獄を巡っているような錯覚におそわれる。これを民衆がつくりあげたとすればおどろくべき文才であるが、そのもとはやはり無名の田舎回りの説経師が作ったものであろう。さきに関山和夫氏は『説教と話芸』のなかで、現代の説教僧の裏話を「上涙下淫」として書いているけれども、そのような説教者ばかりではなかったのである。チョンガレ「目蓮尊者地獄巡り」の作者などは、名僧高僧以上に仏教の民間浸透の功績があったものとおもわれる。

日本で仏教が民衆のものになるために説経は大きな働きをした。それは哲学や思想としての教理仏教、仏像仏画や建築をほこる美術仏教におとらぬ功績である。それは民間のもの、無知な庶民のもの、柄のわるいものとして賤しめられて来たが、仏教を庶民のものとするための方便として、もう一度見なおす必要があるであろう。

# あとがき

折にふれて書いた小論が溜まったので、まとめて単行本にしてはどうかという勧めを、研究所内と出版社からうけて久しい。分類は適当にするようお委せしておいたら、本書のゲラ校正を持って来た。遊行聖の問題や仏教と庶民信仰、唱導と芸能など、あまり変わりばえもしないものばかりであるが、前の『仏教と民俗』『続・仏教と民俗』より後の小論が多いので、すこしはまとまっているのではないかとおもう。

私が民俗学に手をそめたのも、民俗学が面白いというよりも、日本人の庶民生活の中に仏教が庶民の中でどのような形で融け込み、仏教が庶民の中でどのように変容したかを知りたいからであった。これを庶民仏教と名付ければ、この庶民仏教の本質や成立や変遷が知りたいばかりに、長い年月をかけてしまった。その結果、庶民信仰資料や聖や霊場信仰、仏教年中行事、仏教と芸能などを手当たり次第にあつかって来て、とうとう山岳宗教と海洋宗教、巡礼と遍路、葬墓制、稲荷信仰のような、仏教とあまり関係のない分野にまで迷い込んで来たのが現状である。

よく庶民仏教といえば、念仏一遍の易行門(いぎょうもん)こそ庶民的ではないか、という論を聞くが、庶民は何もしないで極楽へ救ってくれるという「うまい話」にはむしろ懐疑的なのである。とところがこれを納得するように説明しようとすると聖道門、難行道になってしまう。むしろ身体（身業）をくるしめたり、唱え言（口業）をしたりして弥陀を念（意業）ずれば、弥陀の救いにあずかることができるとした方が、スムースに理解できる。しかしそのような次元の低い俗説は、分かり良すぎて異安心の一派だときめつけられるので、ますます分からなくなる。私が本書で扱った庶民仏教は、この俗説の異安心の方なのである。

庶民仏教の条件の一つは行為的であるとともに即物的だということである。庶民にとって思弁はもっとも難物とするところで、五官によって認識できるものでなければならない。自ら神仏詣り、巡礼遍路、お百度踏み、水垢離や断ち物をするとともに、このような宗教行為をした宗教者に信頼を寄せる。それはこのような行為によって、超人間的霊力（験力）が獲得できると信じているからで、結局、験力によって起こされる奇跡を、庶民は期待する。このような庶民の信仰構造にあてはめて、仏教はわが国で庶民化したのであるから、外面だけを見て迷信とか俗信とかと非難することはできないとおもう。

これは信仰を物に託することにもあらわれて、特定の奉賽物をあげることや、神仏の分霊のお札を受けるという、物を媒介とする神仏と人間の交流になる。これも啓蒙された文化人、有識者から迷信といわれる信仰表出であるが、ここにも奇跡への期待があって、門口や乗物に下げたり貼ったりするのである。

このような立場から私は日本の庶民仏教を見て来たが、庶民仏教には宗派がないということも特色で、各宗の教団の立場から見た仏教と一致しないのは止むを得ない。しかしさればといって、教団的仏教を間違っているなどという意図はまったくない。ことに庶民仏教から見た各宗の開祖、祖師高僧観は、教団の祖師高僧伝と大きな相違があるが、私はその歴史的な誤りを指摘するのでなく、奇跡に満ちた教団的祖師伝がどうしてできるのか、という宗教構造を明らかにする方に興味がある。

ともあれ、宗派を超えた庶民仏教が、日本の社会と文化の底辺に厳存することは事実である。これに支えられて教団仏教や仏教文化が存立していることも、疑うべからざる事実であるのに、これが葬式仏教とか祈禱仏教、呪術仏教、迷信仏教などと軽侮されて来たことへの義憤のようなものが、私を駆り立てて本書の小論を書かしめたことを、「あとがき」を借りて一言お断りしておきたい。

昭和六十年三月十七日

五来　重

# 掲載誌・出拠一覧

## Ⅰ　日本仏教の特性

日本仏教と民間信仰　一九七四・十二「大法輪」四一巻一二号
僧侶の肉食妻帯　一九七五・六「大法輪」四二巻六号
庵と堂——庶民信仰の寺の発祥　一九七五・四「月刊京都」七五巻四号
日本仏教と葬墓　一九七八・八「大法輪」四五巻八号
日本仏教と呪術　一九七八・五「大法輪」四五巻五号
日本の観音信仰　一九七六・三「大法輪」四三巻三号

## Ⅱ　山の信仰

日本の山と修験道　一九七四・十「世界政経」通巻三二号
霊山と仏教　一九七七・八「大法輪」四四巻八号
高野山の浄土信仰と高野聖　一九七六・十「大法輪」四三巻一〇号
山の薬師・海の薬師　一九七七・七「大法輪」四四巻七号
山岳信仰と弥勒菩薩　一九七八・二「大法輪」四五巻二号

## Ⅲ　遊行者の仏教

巡礼・遍路の信仰と歴史　一九七八・十「大法輪」四五巻一〇号
遊行・放浪の仏教（原題「無宿・放浪の仏教」）　一九七四・七「大法輪」四一巻七号
一遍の時衆と融通念仏　一九七七・四「伝統と現代」八巻四号

遊行の聖と罪の文化（原題「遊行の聖たち」）　一九七五・七「大法輪」四二巻七号

## Ⅳ　仏教と芸能

仏教と芸能の世界　一九七五・二「大法輪」四二巻二号

説経から「語り物」へ　一九七四・九「大法輪」四一巻九号

本書の原本は一九八五年、角川書店より刊行されました。

なお本文中、「デンボ足」「スリコギ足」「癩病」「癩者」「目盲法師」「狂女」といった、現在では差別的で不適切とされる表現が使われておりますが、著者が故人であること、また描かれた時代の歴史的背景に鑑み、原本のまま掲載しております。

「癩病」「癩者」はおもにハンセン病とその罹患者・回復者を指します。歴史上、厳しい隔離や差別を受けてきた経緯がありますが、著者が文中に明記しております通り、ハンセン病はかつて考えられていたような、遺伝による病でも不治の病でもなく、治療により完治するものであることがわかっております。

読者の皆様におかれましては、以上の点をご理解のうえお読みいただきますよう、お願い申し上げます。

五来　重（ごらい　しげる）

1908-1993。茨城県久慈町（現・日立市）生まれ。東京帝国大学大学院修了，京都帝国大学卒業。高野山大学教授，大谷大学教授。博士（文学）。専攻は仏教民俗学。『高野聖』『仏教と民俗』『円空と木喰』『山の宗教 修験道案内』『踊り念仏』『葬と供養』『善光寺まいり』『熊野詣』『石の宗教』など著書多数。

定価はカバーに表示してあります。

日本の庶民仏教

五来　重

2020年６月９日　第１刷発行

発行者　渡瀬昌彦
発行所　株式会社講談社
東京都文京区音羽 2-12-21 〒112-8001
電話　編集（03）5395-3512
販売（03）5395-4415
業務（03）5395-3615
装　幀　蟹江征治
印　刷　豊国印刷株式会社
製　本　株式会社国宝社
本文データ制作　講談社デジタル製作



ISBN978-4-06-519611-3

# 「講談社学術文庫」の刊行に当たって

これは、学術をポケットに入れることをモットーとして生まれた文庫である。学術は少年の心を養い、成年の心を満たす。その学術がポケットにはいる形で、万人のものになることは、生涯教育をうたう現代の理想である。

こうした考え方は、学術を巨大な城のように見る世間の常識に反するかもしれない。また、一部の人たちからは、学術の権威をおとすものと非難されるかもしれない。しかし、それはいずれも学術の新しい在り方を解しないものといわざるをえない。

学術は、まず魔術への挑戦から始まった。やがて、いわゆる常識をつぎつぎに改めていった。学術の権威は、幾百年、幾千年にわたる、苦しい戦いの成果である。こうしてきずきあげられた城が、一見して近づきがたいものにうつるのは、そのためである。しかし、学術の権威を、その形の上だけで判断してはならない。その生成のあとをかえりみれば、その根は常に人々の生活の中にあった。学術が大きな力たりうるのはそのためであって、生活をはなれた学術は、どこにもない。

開かれた社会といわれる現代にとって、これはまったく自明である。生活と学術との間に、もし距離があるとすれば、何をおいてもこれを埋めねばならない。もしこの距離が形の上の迷信からきているとすれば、その迷信をうち破らねばならぬ。

学術文庫は、内外の迷信を打破し、学術のために新しい天地をひらく意図をもって生まれた。文庫という小さい形と、学術という壮大な城とが、完全に両立するためには、なおいくらかの時を必要とするであろう。しかし、学術をポケットにした社会が、人間の生活にとってより豊かな社会であることは、たしかである。そうした社会の実現のために、文庫の世界に新しいジャンルを加えることができれば幸いである。

一九七六年六月

野間省一